# 主婦が1日30分で月10万円をGetする方法

かんたん たのしく つづけられ むりなく リスクなし

女性のためのネットスキルアップ塾
彩塾 代表
山口朋子

さくら舎

# はじめに

この本を手に取ってくださったあなたに、最初に質問です。

「毎月10万円、家計にプラスできるとするなら、何に使いますか？」

答えは人それぞれでしょう。

子どもの塾代や習い事の費用などに使うのもいいでしょう。住宅ローン返済、ごもっともです。ときには家族で少しぜいたくな外食を楽しむのもいいですし、いっそのこと海外旅行に行ってみるなんて……最高ですよね！

本書では、ごく普通の主婦が、1日たった30分の作業で、月10万円の収入を得る方法をお伝えします。

自宅にいながら、家事や子育ての合間に、好きなことをして収入を得ている女性が、私のまわりには大勢います。

1日30分で、毎月10万円――。悪くないと思いませんか？

私には忘れられない出来事があります。

それは娘が幼稚園の年少の頃でした。

「ねえ、ママ。○○ちゃんが習っているバレエとピアノ、私もやってみたい！」

そう言われて、即座に私はこう答えました。

「そっかー。でも、うちにはお金がないから我慢《がまん》してね」


それは、私が幼い頃に、母からよく言われていた言葉でもありました。

「弟が2人いるからお金もかかるし、我慢しようね」

何度そう言われて悔しい思いをしたことでしょう。

でも、自分が母親になった今、同じ言葉を娘に言っている……。情けなくて悔しくて、また娘に申し訳ない気持ちでいっぱいになりました。


私は、出産を機に仕事を辞め、専業主婦をしていました。

育児と家事に明け暮れ、それなりに幸せな毎日でした。娘もすくすくと育ち、夫も優しい。

でも、何か足りないのです。

それが、何なのかわからずに日々は過ぎていきました。

娘も幼稚園に入ったので短時間のパートでも始めてみようかと、求人広告を眺めてみても、単調な作業と低い時給のパートには魅力を感じません。

フルタイムで働こうにも35歳を過ぎていると、年齢制限でアウトです。

子どもが生まれるまでは、建築士として働いていた私。自分が描いた図面通りに建物が建ち、その完成した建物を町並みの中に見て誇らしく思ったものです。

でも、子どもがまだ小さい今、残業も多い建築業に復帰し、現場でバリバリ仕事をするのは現実的ではないと思いました。

何より、かわいいわが子が「ただいま」と帰って来た時に、「おかえり」と言ってあげられるお母さんでいたかったのです。

それでも、「娘が幼稚園に行っている間に何かできることはないか」と私が見つけたのが、ホームページ制作の勉強でした。パソコンでホームページが作れたら、なんだか楽しそうだし、趣味にも使えそう……。最初はそんな軽い気持ちでした。

まだ当時はブログもない時代で、ＨＴＭＬという記号を使ってホームページを作るのが主流でした。これを覚えれば、将来、仕事につながるかもしれない、という思いも少しありました。

本と首っ引きで、娘の成長記録のホームページを作りました。なかなかいい出来です。ホームページに広告を貼ると収入になると聞き、広告も貼ってみました。でも、３年近くまったく収入にはなりませんでした。

「まあ、素人だし、しょうがないよね」

と、細々とホームページ更新を続けていたある日、運命の出会いがありました。

当時、購読していた英語のメールマガジンで、「アフィリエイトで稼ぐ方法」を教える塾があることを知ったのです。

アフィリエイト（成果報酬型広告）というのは、私がホームページに貼っていた広告のことです。塾の主宰者の先生は月に１０００万円以上稼いでいるとあります。

「私が3年間やってもちっとも稼げなかったのに、この人は1カ月で１０００万円以上を稼ぐという。いったい何が違うんだろう？」

私は、その違いが知りたくてたまらなくなり、その塾に申し込みました。

通信制の塾だったので、子どもが幼稚園に行っている間や寝ている時に、無理なくテキストを進めていきました。新しいことを勉強するのは楽しかったですね。

塾の掲示板を通し、仲間もできて、自分の世界が広がっていく感覚がありました。

半年間の学習を終え、テキスト通りに作った初めてのアフィリエイトサイト。

私は、これで月に3万円稼げればいいと思っていました。

そう、月に3万円あれば、娘にピアノとバレエを習わせることができるからです。

ところが、驚いたことに、初めてのアフィリエイトサイトで翌月26万円の収入が発生したのです。

ちゃんと基礎を勉強して取り組むと、きちんと成果が出るということを知りました。

その後も、ホームページの更新を続けたところ、アフィリエイト収入は右肩上がりに増え、娘の習い事の費用だけでなく、家族での旅行や外食、自分の習い事や趣味のお金をまかなってもおつりが来るほどになりました。

あるとき、幼稚園のママ友達が、「仕事を始めたの？」と聞いて来たので、自宅でインターネットを使った仕事をしていると話したところ、数人のママ友達が興味を持ったので、自宅でアフィリエイトのやり方を無料で教え始めました。

これが、のちの「女性のためのネットスキルアップ塾　彩塾《さいじゅく》」の前身です。

ママ友達に「こんないい方法を教えてくれてありがとう！」と喜ばれたことで、私は、仕事をしていた時のやりがいを再び感じることができました。

専業主婦をしていた時は、「私はこのままでいいんだろうか」という漠然とした不安がありました。子どもの教育費や住宅ローンで手一杯だったので、自分のことにお金を使う余裕もありませんでした。

もちろん、交友関係も近所のママ友達に限られていて、彼女たちとの話題も、子どもや家族のことに終始していました。

それが、彩塾を通じて、ママ達にネットスキルを教えるようになってから、自分の世界が広がったのです。仲間もでき、仕事に対するやりがいを得るとともに、自分が自由に使えるお金で、心おきなく娘にも習い事をさせてあげられるママになりました。

今では、小さいながらも自分の会社を作り、ホームページ制作の会社を運営しながら、彩塾を主宰し、本を書いたり、講演やセミナーをしたりするまでになりました。

彩塾には、ネットスキルを身につけて、自分の好きなことで起業した主婦たちがたくさんいます。

最初は、インターネットだけで収入を得られたらという気持ちで、アフィリエイトを勉強し始めたママ達が、ネットで収入を得られる実感を味わうと、次のステップとして、好きなことで始める「おうち起業」を目指します。

片づけが好きな人、お洋服やおしゃれが好きな人、パンを焼くことが得意な人、医者に頼らない健康法に目覚めた人、妊婦さんを幸せにする仕事を見つけた人、本当にいろいろな働き方があります。

主婦が、おうちで好きなことで起業することができるようになった背景に、インターネットの普及があります。

誰でもブログやフェイスブックなどを使い、無料で情報を発信し、受信することができるようになったことで、個人対個人のビジネスが簡単にできるようになったのです。

　自宅をサロンとして、料理や英語を教えたり、ネイルやアロマを行うことなどもできますし、得意なことを活かして、セミナーやワークショップを開くこともできます。自分で作ったものをネットで販売することも可能です。

　彩塾を始めてから6年。多くのママ達を見てきて感じることは、女性は「誰かのために」がんばる時に力が出せるんだなということ。

　私自身、娘に好きな習い事をさせてあげたいという思いが、起業の発端となりました。月に10万円、主婦が自分で収入を得られれば、家族に笑顔が増えます。

　お休みの時に旅行に行ったり、趣味や習い事で世界を広げたり、と我慢していたことが、可能になるのです。

　この本では、子育てしながらでも、1日に30分程度パソコンに向かうことで、月に10万円の収入を得る主婦のプチ起業の始め方をご紹介します。

　誰でも、好きなこと、得意なことの1つや2つはあるはず。

それをお金に換えるために、インターネットを使い、ビジネスという形にするまでの方法をお伝えしていきます。

まずは、なぜ主婦が起業に向いているのか、あなたが起業することで得られるメリットなどをお話しします。

実際に、いろいろな方法で「おうち起業」を始めたママの事例もご紹介します。

大企業では決してできない、ママ目線だからこそ生まれたサービスの数々は、主婦ならではの強みを活かしたものが多いです。

自分の強みを知り、起業のネタを見つける方法や、起業の第一歩としてブログを始めること。ブログ記事の書き方やサービス・メニューの作り方――。

お客様を集めるためのネットでのPR方法や、フェイスブックやツイッターを仕事に使うためのコツなど、起業の最初に知りたいと思うことをご紹介します。

主婦にとって、いちばん大事なのは「家族」。

育児や家事と両立させながら、家族も自分も、無理なく楽しく過ごせる主婦起業の秘訣も、本書を通じてお伝えしていきます。

毎月10万円程度の収入を、主婦が起業して得ること。

ダンナさんのメンツもつぶさず（これ重要）、家族みんなが笑顔でいられる。そしてあなた自身にも生きがいをもたらす。誰もが幸福になる働き方。

それが、「1日30分、月10万円」の主婦起業なのです。

ママが輝くと、家族の笑顔が増えます。

この本で、「自分にもできるかも」と一歩踏み出す女性が増えることを願っています。

# 目次◆主婦が1日30分で月10万円をGｅｔする方法
## ――かんたん　たのしく　つづけられ　むりなく　リスクなし



## 第1章　なぜ主婦は起業に向いているのか？

## 第2章 起業する主婦は幸せになれる！

## 第3章　私たち、主婦起業で成功しました！

## 第4章 まずは「自分の得意」で1歩を踏み出そう

## 第5章 1日30分のパソコン作業でお客様が集まる！

## 第6章　主婦の起業で目指せ！　月10万円！

# 主婦が1日30分で月10万円をGｅｔする方法

——かんたん　たのしく　つづけられ　むりなく　リスクなし

# 第1章　なぜ主婦は起業に向いているのか？

## 家計を握る主婦は、消費者感覚に優れている

主婦が起業に向いている最大の理由は、なんといっても、主婦がもっている「消費者感覚」です。

家計を握っている主婦は、モノの相場や値ごろ感をつかむのが得意です。1円、2円の差を敏感《びんかん》に察知する消費者感覚は、大企業のマーケティング担当者の男性が逆立ちしてもかないません。

その消費者感覚が、起業したときの武器になるのです。

主婦は、日々の生活の中で「こんなモノがあったら便利なのに」「こういうサービスがあれば助かるのに」といった願望を抱くことが多々あります。消費者としての素直なニーズを実感していることが、モノやサービスを提供する側に回ったときに生きてくるのです。

とくに、少子高齢化社会を迎える日本で注目される介護や育児の分野では、新しいモノやサービスを生み出せる可能性があるのは主婦です。たとえば、「ベビーカーで出かける

ときに便利な地下鉄乗り換えマップがあったらいいなあ」というニーズを出発点に、実際に商品化をしてマップを売り出し、会社まで立ち上げた主婦もいらっしゃいます。

「これがあればみんなが便利なのに」↓「ないんだったら自分がやろう！」

起業する主婦の方々は、そうした消費者のニーズを事業のネタにしているのです。

消費者感覚に優れた主婦の目線は、男性にはない強みです（第3章で、実際に起業した方々の例をご紹介します）。

もう一つ、主婦が起業に向いている理由として、「値段に敏感」ということがあります。

主婦は、毎日のように買い物をする消費者です。だから、「このサービスに5万円は出せないな。1万5000円ぐらいまでだったら出せるのに……」というような、直感的にみんなが出しやすいお財布感覚もわかっています。そのため、主婦がいざ起業してみると、モノやサービスの値段設定が非常にうまいケースが多いのです。

「フロント商品（集客のための商品）は、3000円で、みんなが買いやすいようにしよう。もっとお金を出せる人のために2万円のコースもつくって、2段階の値段設定にしよう」

「松・竹・梅と3段階あると、真ん中を選びやすいから、3段階にしようか」といった計算を、男性は一生懸命マーケティングを勉強して考えるのですが、主婦たちは直感的にできてしまうのです。

日々、家計をやりくりしながら買い物をしている主婦は、モノやサービスに対する評価もシビアです。だからこそ、自分がモノやサービスを提供し、お金をもらう立場になったときも、自己満足ではなく消費者を大事にしたビジネスができるのです。

主婦の「消費者感覚」は、起業するにあたっての最大の武器なのです。

## ダンナさんの収入が大きな味方〜心の余裕と経済的余裕

主婦の起業が、男性の起業と大きく違うのは、「一家の生計を支える必要がない」という点にあります。

男性が起業した場合、世帯主としてそのビジネスで一家を支える収入を得なくてはいけないケースが多いので、月に数十万円の売り上げが必要になります。すると、最初からある程度、規模を大きくする必要があり、その分リスクも高まってしまうのです。

一方、この本では、すでに夫の収入によって家計が支えられていることを前提に、そこに収入をプラスアルファする主婦起業を推奨しています。

この形であれば、「毎月いくら稼がなきゃいけない」というプレッシャーもありませんし、心に余裕をもって好きなことで起業することができます。

これから起業したいという主婦の方に「いくら欲しいですか？」と聞くと、たいていの方は「まずは５万円」とか「10万円」といった答えが返ってきます。

男性で家族がいたなら、５万円や10万円ではとうてい生活できないですよね。

でも、主婦がいまの家計にプラス５万円できたとしたら、それこそ毎月ウキウキです。だって、その５万円は、自分の好きなことに使えるわけですから。

そうはいっても、ほとんどの主婦は、増えた分の収入を自分だけのために使うより、家族のために使おうとします。子どもの習い事や家族での外食、旅行などです。すると、家族の生活がより豊かになるのです（たまには、お友達とのちょっと豪華《ごうか》なランチに使うかもしれませんけど……）。

心の余裕と経済的な余裕があると、「好きなこと」での起業が可能になります。

「好きなことをやって、少しぐらいお金になったらうれしいな」

主婦はこんな気軽な感じで、起業することができるのです。

ガツガツと「売らなきゃ！」みたいなプレッシャーがありませんから、お金のためにイヤなことを我慢する必要もありません。

好きなことで起業すると、趣味の延長のような感覚で、楽しく仕事をすることができます。また、仕事を通して、自分を成長させることに喜びを感じる人や、家庭の中だけでなく、社会に貢献できることに喜びを感じる人もいるでしょう。

不思議なものですが、本人が楽しそうにやっているビジネスには、自然とお客様も集まってきます。

私自身、娘の出産を機に仕事を辞めて専業主婦になったものの、慣れない育児と社会から離れた寂しさから、まもなく産後うつになってしまいました。

家事も育児も身の回りのことも、何もかもできなくなってしまったのです。幸い、以前から独立を考えていた主人が、これをきっかけに会社を退職し、家事や育児を手伝ってくれるようになり、なんとか最悪の状態を脱することができました。

それでも、小さい娘を置いて外に働きに行くことはできないため、少しでも家計の足しになればと思い、自宅でインターネットのオークションサイトで不要品などを売っていました。

自分で商品の写真を撮り、ＰＲ文を書いて出品すると、誰かが見てくれて、買ってくれる。これは面白い！　と、自分でいろいろ工夫したり、勉強したりするようになったのです。

気がつけば、産後うつからも完全に回復していました。

主人の収入で家計はまかなえたので、ネットオークションの収入に一喜《いっき》一憂《いちゆう》することはありませんでした。不要品がお金に変わるプロセスも楽しかったので、まったくストレスもありませんでした。

気がつけば、１年間で１０００人以上とお取引をしていました。

そう、好きなことをやっているうちに、私は起業していたのです（私の起業体験については、第3章でもう少しくわしくご紹介します）。

起業というと堅苦しくて責任が重いイメージがあるかもしれませんが、主婦の起業は、これくらい気楽に始めることができるのです。

## 主婦の起業は子育てと同じ？　～初期投資ゼロからスタート～
## 〈小さく産んで大きく育てる〉

主婦の起業は、子育てに似ています。

小さな子どもに、毎日、ご飯を食べさせて、一緒に遊んだり、お風呂に入れたり、寝かしつけたり……。手間ヒマがかかりますし、時間もかかります。けれども、どんなにがんばっても、1歳の子どもを1年で身長180センチの成人に育てることはできません。

起業も、子育てと同じです。小さく産んで大きく育てる。いきなり大きく育てようとしてもうまくいきません。

最初は売り上げゼロ円でもいいのです。それを5000円、1万円、2万円……と少しずつ大きくしていって、1年後に、「あれ、私、気づいたらブログで10万円稼いでいる」みたいな感じのほうが、長く続けられます。

「売り上げ1万円しかないのに起業したっていえるの？」

と思うかもしれませんが、売り上げが1万円だろうと、ゼロ円だろうと、モノやサービスの提供を世の中に発表した時点で、立派な起業です。

だからこそ、まずは自宅で、初期費用をかけずにスタートするのが賢いやり方です。元手をかけなければ、「これ、私には向いていないな」と感じたときに、すぐにやめることもできます。

私も、ネットオークションを始めたとき、自宅にあった夫婦共有のパソコンで始めたので、初期費用はゼロ円でした。

その後、アフィリエイトを始めたときも、最初は無料ホームページサービスを利用するところからスタートしています。有料サービスに切り替えたり、サーバーを借りたり、と費用をかけるようになったのは、収入が得られるようになってからです。

現在、起業を目指す主婦の方々にインターネットのスキルを教える塾を主宰していますが、それも最初は、自宅のダイニングで近所のママ友達３人に無料でパソコンスキルを教えたことから始まっています。

残念ながら、失敗した起業もたくさん見てきました。

知り合いで、アロマサロンを開業した主婦の方がいました。貯金をはたいて、最初からビルの一室を借りて、数百万円の内装費をかけて開業したのです。

「お客さんもまだいないのに、大丈夫かな」

と思っていたら、案の定、1年半で廃業してしまいました。開業時に買いそろえたテーブルやベッドなどの備品を全部処分しても、残ったのは借金だけでした。

最初から規模を大きくしようとすると、失敗したときのリスクが大きすぎるのです。そもそも、主婦がビジネス知識ゼロからスタートするわけですから、失敗して当たり前。だから、初期費用をかけないで始めるのが安心です。

アロマサロンを始めるにしても、まずは自宅の一室から、近所のママ友達にモニターとして無料でやってあげるところから始めればよかったのです。勉強しながら、口《クチ》コミやインターネットで集客して、少しずつ有料にしていく。そうすれば、仮にうまくいかなくても失うものは何もありません。

また、すでに大手企業がやっているビジネスを個人で始めようとしても、資金も人手も圧倒的に差があるわけですから、うまくいかないことが多いです。消費者の立場で考えても、ノウハウもブランド力もある大手のサービスと、無名の主婦のサービス、どちらを信頼してお金を出すかといえば、大手に決まっています。

先に述べたように、「こんなものがあったらいいのに」という感覚を大事にして、大手企業がやっていない新しいモノやサービスを提供するのが、主婦が起業するときに目指すべき道です。

とはいえ、今までになかったビジネスですから、お客様に認知してもらうのに時間がかかります。大手企業のように宣伝費をバーンとかけるわけにもいきません。

だからこそ、ブログやソーシャルメディアなどを使って、自分の周辺から少しずつ認知を広げていく意識が大切です。「いいな」と思って使った人が、「よかったよ」と言ってお友達に広めてくれて、「じゃあ私も」という感じで、ゆっくり広がっていくのです。水面に広がる水紋のように、ゆっくりと小さな波が広がっていくイメージで、焦《あせ》らずに進めていきましょう。

繰り返しますが、主婦の起業は「小さく産んで大きく育てる」が鉄則です。そして、子どもを「産み、育てる」性である女性には、その感覚が生まれながらに備わっているのです。

## 主婦の口コミ力と共感力は、世のオトコたちをはるかにしのぐ

私は現在、数百世帯が入っている大規模マンションに住んでいるのですが、主婦たちが朝晩繰り広げる井戸端会議のパワーに毎日圧倒されています。

「Aさんのところ2人目のお子さんが生まれたんだって」「Bさんのご主人、転職したらしいよ」「駅前に新しくできたカフェ、すごくおいしいケーキがあるよ」などなど、マンション中の話題が主婦たちの口から語られ、そして瞬く間に広がっていきます。

うわさ話をどんどん口コミで広げていくというのは、主婦の本能なのかもしれません。男の人は、わざわざ他人のことをしゃべったりしませんから。

リアル社会でもそうですが、ネット上においても、女性は他人のことや、モノやサービスを紹介することを自然に行っています。

私もあるとき、ブログである人のサービスを紹介したら、後日、その方から「MOMOさん（私のブログネーム）のブログ1記事で500万円売り上げが上がりました」といっ

て、ご飯をごちそうになってしまいました。

その方はこうもおっしゃっていました。

「来る人来る人が『ＭＯＭＯさんのブログを見て来ました』というから、どんなふうに書いてあるんだろう？　と思ってＭＯＭＯさんのブログを見てみたら、やっぱり欲しくなるように書いてくださっていました」

私は別に特別なことを書いたわけではありません。ただ自分が使ってみて、「本当によかった」という感想をブログの日記に綴っているだけです。それがこんなにも威力があるなんて、とびっくりしたものです。

ただ、私のブログとまったく同じ文章を「広告」として出しても、効果はなかったでしょう。「口コミ」だからこそ、ブログの読者さんも安心して買ったのだと思います。

女性はネットで買い物をするとき、口コミを必ず見ます。化粧品だったら、成分を見て「アルブチンが10％……」とかよりも、「1週間でシミが消えました！」という口コミに反応します。男性がつくる広告の文章は、スペックやメリットなどを論理的に説明した「左脳」の文章です。女性は、「使ってみてよかった！」という、感情に訴える「右脳」の言葉をナチュラルに出すことができるのです。

主婦がもっている「口コミ」の力、普段やっているおしゃべりを、そのままネットで発信していけばそれがビジネスになるのです。たとえば、「この商品使ってみてよかった！」という感想をブログに綴れば、アフィリエイトでお金が入ってくる、など方法はいろいろあります。「ネット×口コミ」は、主婦の感覚をビジネスにつなげてくれる最強コンビなのです。

よく「ブログの記事が書けないんです」という相談を受けますが、私はいつもこのように答えています。

「おいしかったレストランでもいいいし、会って楽しかった人のことでもいいし、お友達と普通におしゃべりしている感覚で何かを紹介すればいいんですよ。自分が使ってよかったものを、お友達に『あれよかったよ〜』とすすめる感覚で書いてみてください」

私のブログの約4分の1は、誰かのことを紹介する記事です。そうすると紹介した相手にも喜ばれますし、向こうも私のことを何かと紹介してくれます。

主婦は、初対面の人でも、共通の話題を探してあっという間に仲良くなってしまいますよね。それは、ネットの世界でも同じです。

ネットで情報発信、というと何か大げさに聞こえますが、普段やっているおしゃべりをブログやフェイスブックで綴ることで、広告代理店の男性たちが驚くような売り上げを上げることができる。また、あっという間に仲良しネットワークを広げることができる。

これらもまた、主婦のもつ能力ですから、起業に活かさない手はありません。

## 家庭で能力を眠らせている主婦がゴマンといる

日本には、学歴もあって能力もやる気もあるのに、結婚をして家庭におさまり、仕事をする場に恵まれない30〜40代の既婚女性がたいへん多くいる、と私は感じています。

欧米では、この年代の働き盛りの女性たちは、結婚・出産しても仕事を続けます。しかし日本の場合、結婚し、とくに出産したら1回仕事を辞めて家庭に入り、子育てがひと段落したら、パートなどで働き始めるケースが多いです。まるで「M」の字の真ん中に凹みがあるように、30〜40代女性の労働人口はガクッと減るのです。

厚生労働省が発表した「平成24年版　働く女性の実情」によれば、平成24年の女性の労働力率を年齢階級別にみたとき、「25〜29歳」（77・6％）と「45〜49歳」（75・7％）を左右の頂点として、「35〜39歳」（67・7％）を底とするM字型カーブを描いているとのことです。

女性が働きたくても働けない理由が、日本にはいくつもあります。

子育て中だと子どもの預け先がなく、もしあったとしても託児料が高い。また、夫や両親などから「子どもが小さいうちは働かずに家庭にいてほしい」などのプレッシャーがかかったりもします。

仮に元の職場に復帰できたとしても、子どもの急な病気で会社を休んだり、保育園の時間に間に合うように帰るために残業を断らなければならなかったり……と、子育て中の女性が会社で働くには難しい条件ばかりです。もちろん、働く主婦に対する企業の理解の低さも、根深い問題のひとつです。

いずれにしても、多くの主婦が「働きたいけど、子どもが自立するまで、10年か15年は働くのを我慢しよう」とモヤモヤを抱えながら過ごしているのです。

かくいう私も、出産直前まで働いていた会社に復帰してフルタイムで働き続けることも考えていたのですが、条件に見合う保育園がなかなか見つかりません。

加えて、夫の両親からも私の両親からも、口をそろえて、

「かわいい赤ちゃんを置いて、働きに出ることないわよ」

と言われ、とりあえず専業主婦になってみたのです。

そして家事と育児に追われるうちに、あっという間に35歳になりました。日本では、35歳を越えると男女とも年齢の壁で就職は難しくなります。すると、能力や学歴に関係なく、時給数百円という単純作業のパートしかなくなる……。

私が起業して働くという道を選んだ背景には、このような現実があったのです。

もっとも企業も最近では、家庭に眠っている主婦の力を活用したいと考え始めました。「ランサーズ」(http://www.lancers.jp/)、「＠ＳＯＨＯ」(http://www.atsoho.com/)、「シュフティ」(http://www.shufti.jp/)といった、在宅ワークを外注するソーシングサイトが人気なのも、その一つの表れでしょう。

起業という、自宅で好きな時間に働けるというライフスタイルを、もっと多くの主婦に知ってほしいと思います。ネットの普及で、在宅ワークは増えています。子どもが寝てい

る夜などに働くこともできますから、家事や育児との両立も可能です。

何よりも、主婦が眠らせている能力を社会に還元《かんげん》することで、新たな価値（商品やサービス）が生み出せます。世の中に価値が増えて、なおかつ、働いて得たお金を主婦が使えば、経済は間違いなく活性化します。みんながハッピーになれますよね。

## すべての主婦は社長経験者？
## 〈家庭を束ねる能力＝経営の能力〉

さて、前述の在宅ワークなどで主婦に注目が集まる理由の一つに、「主婦は仕事ができる」という点があります。

彼女たちは他に働く場所を与えられていないので、ひとたび仕事を受けると本当にまじめにやりますし、納期もきちんと守ります。とくに社会人経験のある30～40代の主婦は、安心して仕事を頼める、と多くの企業が考えているのです。

実は、私がホームページ制作会社を立ち上げてまもなくの頃、困ったことがありました。20代の独身男性にウェブデザインの仕事をお願いしていたのですが、あるときからまったく連絡がとれなくなって、メールでも電話でも音信不通になってしまいました。数週間後、ようやく電話がつながったので聞いてみたら「何か気がのらなくって、電話も出たくなかったんです」なんてことを平気で言うのです。そこまでひどいケースは稀にしても、独身男性だと、打ち合わせのために約束しても「朝、起きられなくて、寝坊しました」なんてことはしょっちゅうあります。

主婦はそんなことはありません。なぜなら、毎日多忙なスケジュールをこなしている彼女たちは、タイムマネジメント力がきわめて高いからです。

朝は６時に起きて、子どもとご主人の朝食とお弁当を作る。幼稚園や学校に子どもを送り出したら、今度は家の掃除や買い物をテキパキとこなします。合間にご近所や親戚づきあいという人間関係をそつなくこなすコミュニケーション力もあります。そして、自分だけでなく夫や子どもの予定も調整して切り盛りするのは主婦なら当たり前にやっています。そして子どもの急な発熱やケガ、さまざまなトラブルを通じて、突発的な出来事にもまったく動じない対応力やリスクマネジメント力も身につけています。

学校や幼稚園の役員などで、まとめ役などを経験することも多く、リーダーシップを発揮する機会も意外と多いのが主婦です。加えて、子どもや姑《しゅうとめ》の話を辛抱強く聞く共感力もあります。

日々、家計簿とにらめっこしながら、やりくりをして毎月赤字にならないようにする。そんな中でシビアな金銭感覚も研ぎ澄まされるのです。

いかがでしょうか。このように主婦の能力を並べてみると、まるで経営者のようではありませんか。実際、家庭を切り盛りするというのは、従業員3〜4人の零細《れいさい》企業の社長さんと同じくらいの仕事量をこなすということなのです。

会社員として組織の歯車のように働いているより、主婦業のほうが、よっぽど経営のトレーニングになります。だからこそ、主婦が起業して自ら社長になるのは、実はとても理にかなった道なのです。

## 主婦のナンバーワン能力は、子育てで培われる〝動じない心〟!

会社を興して間もない頃、女性のクライアントからこんな連絡がきたことがあります。

「子どもが熱を出したので、今日の予定をキャンセルさせてください」

私は「ああ、お子さんが熱出しちゃったんだ。じゃあ仕方ないな」と思い、快くリスケジュールの提案をしました。ですが、そのあとでふと、

「独身時代の私だったら、絶対イライラしていただろうな」

と思ったものです。

私のクライアントさんは、女性の方が多いので、「子どもが急に体調を崩した」といった理由で予定が変更になることが多くあります。

私自身が子育てを経験したからか、「大変ですね」「大丈夫ですか？」「お大事になさってくださいね」と声をかけたり、気持ちの上でも余裕をもって対応できるようになりました。

多少のことで動じたりイライラしなくなったのは、子育てのおかげだと思います。

もし、私が独身で子育て経験がなければ、相手の気持ちを思いやることはできなかったでしょう。相手が約束を守らないことで、カリカリ、イライラしていたかもしれません。

子育てには、予測不可能な出来事が多発します。

病気やケガ、お友達とのケンカなど、幼稚園や保育園、学校からの急な呼び出しもしょ

っちゅうです。

子どもの性格も、兄弟でまったく異なることも多く、一つのセオリーでは対処できません。

また、子どもは大人が考えもつかないような質問を投げかけてきます。子育てを長くしていると、そんな質問にも動じずに返せるようになっており、「あれ、私、こんなに気の利いたこと言える人だったっけ？」と自分でびっくりすることもあります。

起業して自分でビジネスを始めると、顧客が急に予定を変更してきたり、無理難題を言ってくることはそれこそ日常茶飯事ですが、子育てを経験していると、仕事上のそんな問題にも、余裕をもって対応できるのです。

人間としてのキャパシティが子育てにより、確実に広がっているのです。

だからこそ、主婦のみなさんは「私は子育てしかしていなかったから」などと不安になる必要はありません！　それどころか、子育ては、どんな企業研修よりも数十倍濃密なビジネススキルのトレーニングになっています。その力を起業や経営に使わない手はありません。

主婦経験があるということは、男性に比べて、起業における大きなアドバンテージです。

自信をもってください。

## 主婦の起業は「かたつむり」で！〈かんたん・たのしく・つづけられ・むりなく・リスクなく〉

これまで述べてきたように、主婦の起業は、男性の起業と多くの面で異なります。

そんな主婦の起業を成功させるために、私が提唱している合言葉が、「かたつむり」です。

「かんたん・たのしく・つづけられ・むりなく・リスクなく」行うことが、主婦の起業を成功させる秘訣なのです。順番に説明していきましょう。

①かんたん

まず、「かんたん」とは、自分がラクラク、やすやすとできること、すなわち得意なことや好きなことを起業のテーマにするとよい、ということです。

「稼げそうだから」という動機で起業しても、うまくいかなかったり続かなかったりすることが多いです。でも、好きなことであれば、多少の苦労も苦労と感じないのが人間です。
肝に銘じておきたいのは、「かんたん=ラクをして」ではないという点です。自分にとって、無理にがんばらずにできる方法で、かつ自分が「やっていてワクワクするもの」に取り組むことが大切です。

「ワクワク」することは脳を活性化させます。そして「ワクワク」しながらやっていれば、努力・根性・忍耐などは不要で、仕事に取り組めるのです。

②たのしく&③つづけられ

「たのしく」「つづけられ」は、文字通りの意味です。「楽しく」行うことが「続けられる」秘訣なのです。

英語の勉強でも、ダイエットでも、いちばん難しいのは「始めること」ではなく「続けること」ですよね。

人間の脳は、続けることが苦手です。特に新しいことに挑戦するときは、ちょっとした不安や苦労が抵抗となり、挫折してしまうことが多いものです。

それを乗り切るためには、「楽しい」と感じること。楽しいと脳が感じると、続けることがたやすくなります。

起業というのは長い道のりです。続けられるためにも、楽しくやりましょう。

④むりなく
次の「むりなく」ですが、主婦には仕事以外にも、家事や育児、介護、ご近所づきあいなど、こなさなくてはいけないことがたくさんあります。仕事だけしていれば、育児や介護をしなくてもすむ男性とは、そこが大きな違いです。

そして女性は、仕事も家庭も人間関係も、全部をうまくいかせたいと思っている欲張りな生き物です。

だからこそ、仕事は、自分の使える時間の範囲で無理せずにやりましょう。無理をすると続きませんし、家庭や人間関係などにヒビが入るようでは、ハッピーとはいえません。

⑤リスクなく
最後に「リスクなく」です。

男性の起業は、初期費用をかけ、大きく始める傾向にありますが、主婦の起業は、子育て同様、小さく産んで大きく育てるのが成功の秘訣です。

一昔前の起業には、大きなリスクがありました。初期費用（店舗・人件費・広告費など）がかかったからです。

現代はインターネットの普及により、初期費用をかけずに起業することができます。かたつむり式起業でもっとも大事なのが、この「リスクなく」です。インターネットを最大限に活用し、ネットでの集客方法をマスターしてから起業すると、失敗が少ないのです。広告費を極力かけずに、無料のブログやソーシャルメディアなどを上手に活用することで、身の丈にあった集客方法を実践でき、リスクを減らすことができます。

その方法は、本書後半で説明していきます。

以上、「かたつむり式起業」の5つのポイントをまとめました。かたつむりのように、ゆっくりとマイペースで、大切な「家庭」を背負いながら進んでいく。それが主婦の起業を成功させる秘訣なのです。

# 第2章　起業する主婦は幸せになれる！

## 月に1万円の収入……。それでも起業になるってホント？

起業というと「何十万円も利益を出さないといけない」「会社を作らないといけない」と大げさに思ってしまいがちですが、そんなことはありません。まったく利益が出なくても、起業することはできます。また、税務署に「開業届」も出さずに起業している人もたくさんいます。

私のまわりには、起業したてで、月の収入が1万円くらいの主婦も多いのです。たとえば、材料費を1万円かけてアクセサリーを作って売り、2万円の収入を得たなら、残った利益は1万円です。

でも、彼女たちも立派な起業家です。有料サービスや商品を提供するというビジネスを、継続的に行うことが「起業している」状態になるのです。

そう考えると、私の起業も、ずいぶん前にさかのぼることになります。なぜなら、娘が生まれた頃から、ヤフーオークション（ネットオークション、以下ヤフオク）に熱中し、近所のアウトレットモールで安く仕入れた商品を出品して、定期的に収入を得ていたからです。

その当時は、自分が「起業している」という意識はありませんでしたし、開業届も出していませんでした。でも、トータルで5〜6年間、毎月何かを仕入れては出品し、わずかながらも利益を得ていたので、これも立派な起業といえます。

そもそも、世の中には赤字の会社もたくさんあります。要するに、収入の多い少ないではなく、本人が、「このサービスや商品で収入を得よう」と決めた時点で、売り上げゼロでも起業したことになるのです。起業のスタート日は、自分次第ということです。

もし、起業という言葉に抵抗やプレッシャーを感じるようなら、別に起業と言わなくてもかまいません。

ただし、何かしらの商品やサービスを提供してお金を得るわけですから、「自分はプロである」という意識はもたなければいけません。お金を払ってくださるお客様がいる以上、自分のビジネスに対する責任があるのです。

「私はパン作りを教えるプロなんだ」「アクセサリーを作るプロなんだ」というプロ意識は、技術やサービスの向上にも必ずつながります。

さて、月に1～2万円の収入であれば、十分、サラリーマンの扶養控除《ふようこうじょ》の範囲内になります。おそらくダンナさんも目くじら立てないでしょうし、税金も納めなくてもいいケースがほとんどです。個人事業主でも年間38万円までは基礎控除がありますから、毎月3万円程度の収入なら、追加の納税義務も発生しません。実はいいことずくめなのです。

まずはそんな「お小遣《こづか》い稼ぎ」という意識で始めてみて、徐々に収入が増えてきたら開業届を出したり、青色申告の手続きをしたり、屋号を決めたりして「起業」の形を整えていけばいいのです（くわしくは、第6章でご説明します）。

ビジネスの成長と一緒に、自分自身の成長も実感できると思います。そして、日々、自分自身が向上しているという実感が、実は家族にもいい影響を与えていくのです。

## 好きな時間に働けるから子育てとも両立

主婦の起業の最大のメリットは、時間の融通がきくことです。自分で自分の仕事を作り出す起業という働き方では、自分にうるさく指示をする上司がいるわけではありません。パートタイマーのようにシフトで拘束《こうそく》されるわけでもありません。

つまり、誰に迷惑をかけることもなく、自分の好きな時に働けるのです。子育て中の主婦にとって、スキマ時間を使える起業という働き方は理想的ではないでしょうか。

私自身、娘の出産後すぐにヤフオクを始め、その後もアフィリエイトやオンライン塾運営などで、13年間ずっとネットから収入を得ています。

子どもが寝ている間にダイニングテーブルでノートパソコンを広げて作業をし、子どもが起きれば、作業を中断して相手をしたり寝かしつけたりしていました。子どもが熱を出した日は作業を休みにできますし、自分の好きな時間に作業できるので、幼稚園や学校の行事にもすべて参加できました。

会社に出社することも、誰かの指示を仰ぐこともなく、好きな時間に好きな場所（私の場合はダイニング）で働けるのは、主婦にとって都合が良く、またストレスのない働き方です。

これはインターネットを使った起業に限りません。

私が主宰する主婦向けの起業塾「彩塾」でも、自宅でお料理教室、着付けレッスン、お片づけ講座、ネイルサロンなど、お客様を自宅に招く働き方で、家事の合間に収入を得ている主婦が大勢います。人が来るときは、テーブルやお部屋を少し片づければ、そこが仕事場になります。もちろん、満員の通勤電車に揺られることもありません。そう、通勤の時間は０分です。

ブログの更新やメールの返信も仕事の一部ですが、お風呂上がりのスッピンでも、パソコンを使って仕事ができるって、最高です！

会社にお勤めの方は、仕事をする時間が相手の都合で決まってしまいます。でも主婦が起業する場合は、こま切れの時間や、早朝、深夜など、自分が働きたいと思った時間を、仕事タイムにできるのです。

今は子どもが小さくてなかなか時間がつくれないと思っている人も、お子さんが幼稚園や小学校に行くようになると、意外と自分が使える時間は見つけられます。そうやって年々確保できる自分の時間に、ただテレビを見たりお昼寝をしたり、近所の奥様方とおしゃべりをしたりするのもいいのですが、1日1時間でも2時間でも自宅で仕事をしてお金になるなら、ちょっとうれしいですよね。

私は現在、英語が得意な主婦の方から、スカイプ（無料で使えるインターネット電話サービス）で英会話のレッスンを受けています。その方から夜９時くらいに「いま子どもが寝たから、これからレッスンしましょうか？」と携帯にメッセージが来て、それから１時間スカイプレッスンをするという形でやっています。自分の空いている時間を上手に使う、主婦の起業ならではの働き方ですよね。

一方で、主婦の起業は出勤しなくていい分、「休みがとりにくい」「仕事とプライベートの時間のメリハリがつけにくい」というジレンマがあります。とくに、「今日は２時間作業しようと思ったのに、子どもが起きてきちゃったからできなかった」などということが積み重なると、ストレスになってしまいます。

そこは、自分なりに無理のないスケジュールを考えて、ルールを決めればいいと思います。「土日は仕事をしない」「家族と過ごす時間は、仕事をしない」といった具合です。

私も仕事が忙しくなってきたとき、土日もずっと仕事をしていたので、学校が休みの日に娘から「遊びに連れてって」と言われても、「ごめんね、ママはお仕事だからがまんして」などと断っていました。それではかわいそうなので、夫とも話し合い、月に１日はパパもママも絶対に仕事を入れないで娘と遊ぶという「家族デイ」を定めたり、夕食はなるべく家族全員で食べる、などいろいろ工夫したものです。

お子さんがまだ小さいようなら、子どもが寝ているときだけ仕事をして、起きてきたら子ども優先にしたほうがいいでしょう。私も経験がありますが、子どもが起きているときにパソコンに向かっていると、子どもは「ママの心が私よりパソコンに向かっている」と察します。そして必ず邪魔をしてきます。ひどいときにはキーボードのキーを外してしまったり……。

「ママが自分に向いてくれない」というのは、それほど子どものストレスになるのですね。だから、子どもがいるときは子どもと向き合う。子どもが寝ているときだけ仕事をする、というふうに、自分でルールを決めたほうがいいでしょう。

主婦の起業は、あくせく稼ぐことが目的ではありません。家族みんながハッピーになることが目的です。自分自身にも、また家族にも、無理をさせない範囲でやることが長続きのコツです。

## 自分の半径5メートルの趣味で起業できる

主婦の起業は、「半径5メートルのリビング起業」だと私はよく言います。

半径5メートルにある身近なテーマ、衣・食・住、あるいは美容や健康、教育など、生活に密着したメニューを見つけると続けやすいのです。そもそも主婦のみなさんは自分が得意でお友達にも教えられる、というものを1つや2つお持ちです。その中から起業メニューを決めてサービスを提供すれば、リビングに居ながらにして仕事を始められるのです。

「半径5メートルのリビング起業」のテーマは、ほんの一例ですが以下のようなものがあります。

・片づけ・収納講座
・ベビーマッサージ教室
・テーブルコーディネート教室
・お料理（お菓子やパンづくり）教室
・着物の着付け
・ネイルアート
・手作りのぬいぐるみやアクセサリーをネットで販売

・アロマテラピー
・ヨガやピラティスのレッスン
・英会話や語学のレッスン

……etc.

彩塾に集う主婦起業家のみなさんも、「稼げる」ということより、自分がもともと好きなことや習っていたことなどで起業している方がほとんどです。

だからでしょうか。みなさん、「仕事をやらなきゃ」という義務感とは無縁で、本当に楽しそうにビジネスをされています。好きなことだと「つづけられる」ゆえんです。

私も今の彩塾を始めるずっと前から、自宅で近所のママ友達にアフィリエイトを教えていました。当時の私は、自分が好きなことを教えて、相手も喜んでくれるなら、お金をもらわなくても構わないと無料で続けていました。それが結果として、現在のビジネスのネタになっているのです。

だから、自分ががんばらなくてもできること、楽しくて仕方ないことが起業のネタとしては一番なのです。多くの場合、それは主婦の半径5メートルの範囲にあるのです。

「そうは言っても、私には人に教えられるほどの専門知識はない」

このように尻込みされる方もいらっしゃるかもしれません。

けれども、人に教えるときに、その道の専門家やプロである必要はないのです。

たとえばカメラを例にとってみましょう。これから初めてカメラを買って、写真を撮り始めようとする人がいます。そんな初心者の人が、「どんなカメラを買ったらいいか？」「子どもを撮るときのコツは？」といった初歩的な質問をプロのカメラマンにできるかというと、なかなかできません。

プロ相手だと敷居《しきい》が高くて気後れしてしまいますし、本格的なカメラ教室に通うとなるとお金もかかります。

けれども、1年前にカメラを買って、それから写真を撮り続けてきた主婦の方がいるとしましょう。この人なら、わずか1年前は自分も初心者だったので、何が疑問なのか、何で悩んでいるのかが、非常によくわかるわけです。聞く側も、相手がプロじゃないからこそ遠慮なく質問することができる。初心者が習うには、ちょうどいいわけですね。

1年間カメラを趣味として楽しんできた主婦が、「初心者向けのデジカメ講座」を仮に2時間3000円といったリーズナブルな価格で提供すれば、初心者はとても来やすいでしょう。教えるほうも、1年前の自分に教えると思えば、相手の知りたいことがよくわかるはずです。教える側がプロだと、初心者が何で悩んでいるのかわからない、というケースも多くあるのです。

このように、主婦の場合、自分が得意なこと、好きなこと、いつもやっていることが仕事につながるのです。まさしく「半径5メートルのリビング起業」です。

私もネット関連は得意ですが、恥ずかしながら、お料理とかお片づけとかは苦手です。だから得意なことだけを仕事にしているのです。苦手なことに挑戦するより、得意なことを人に教えたほうが、自分も楽しいし、相手からも感謝されて、みんなが幸せになれるのです。

## 家庭の収入がアップ〈経済的に潤う→家族の笑顔が増える〉

サラリーマンは、収入が安定しているとはいえ、今のご時勢、なかなか給料が上がるものではありません。夫の年収を120万円上げるなどというのは、本当に至難《しなん》の業です。

けれども、主婦が起業をして月に10万円、年間１２０万円の収入を家計にプラスさせるのは、夫の年収を上げることに比べたらよほど簡単です。月に1万円だとしても、年間12万円、いままで使えなかったお金が使えるようになるわけです。

そして、家庭の収入が増えると、家族に「選択肢」が増えるのです。

やりたかったことをする。我慢していたことができる。起業した主婦のみなさんは口をそろえてこの喜びを語ります。

自分が得た収入を使って、家族で初めての海外旅行に行く人もいれば、住宅ローン返済にあてる人もいるでしょう。

ほかにも、ご自分の習い事や資格の勉強を始める人、あるいは、子どもの教育費や習い事のために使う人もいます。

「はじめに」でも書きましたが、私が起業するに至った原点も、幼稚園の娘が習いたがっていたピアノとバレエを、「お金がないから」という理由で断念させたことでした。

「子どものやりたいことを、やらせてあげられる親になりたい！」

この思いが、私が起業する原動力になったのです。

同じような思いから、彩塾に入って起業する主婦の方はたくさんいます。

男性は収入が増えると、車やブランド物を買ったり、交友関係（飲み代など）に使ったりと、自分の楽しみや見栄のために使うケースが多いようです。しかしほとんどの主婦は、収入が増えたら家族のために使いたいと考えています。

家族のためなら、ママはがんばれるのです！

主婦の起業は、必ずしも収入を増やすことだけが目的ではありません。この章でも述べていきますが、主婦の起業はいろいろな意味で家族を幸せへと導くきっかけとなるものです。

月に1万円でも収入が増えたなら、家族の選択肢がぐーんと増えることは間違いありません。月に1万円もあれば、子どもに習い事を始めさせることができます。ほんの少しでも、子どもや家族の将来のためにお金を使うことができれば、確実に家族の笑顔が増えるはずです。

日々の生活の中で、「お金がないから」と主婦が我慢していることって、本当にたくさんあると思うのです。そのうちの1つや2つでも叶えることができたなら、それだけで家族の可能性が広がり、今よりもハッピーになることは間違いありません。

## スマホを使ってＳＮＳで集客〈スキマ時間の有効活用〉

今までお伝えしたことで、起業のハードルは高くないことを理解していただいたと思いますが、ビジネスに重要なのが集客です。お客様を見つけないとビジネスにはなりません。

一昔前なら、集客には広告宣伝費がかかるのが当たり前でした。広告を出さなければ、商品やサービスを知らせることができなかったのです。

でも、時代は変わりました。広告を見て商品を買う人は減少傾向にあります。「だって広告でしょ」と、さめた目で見る人が増えてきました。

広告に代わって現在、集客の大きな力として注目されるのが、第1章でも述べた「ネット上の口コミ」です。

企業がお金を出して作った広告には心を動かされないのに、友人や知人のツイッターやフェイスブックで「買ってよかった」と言っていたものを、思わず自分も買ってしまったことはないでしょうか。私は、何度もあります。

人々は、企業が商売目的で出している情報よりも、自分が知っている人たちの感想を信じるようになりました。

「あの人がいいと言うなら使ってみよう」という心理です。

実は、こうした状況も主婦起業の追い風になっているのです。

主婦ならではの口コミを、SNS（ソーシャルネットワーキングサービス）を使ってネット上に広めることによって、広告費をかけずとも、あなたの商品やサービスが多くの人に伝えられるのです。

これだけソーシャルメディアが広がってきた背景には、スマートフォン（以下スマホ）の普及があります。スマホと、ツイッターやフェイスブックといったSNSは、とても相性がいいのです。外出したときにスマホを使ってパッと写真をとって、「いまこんなもの食べています」「いま誰といます」などと簡単にアップできるので、ちょっとしたスキマ時間で情報発信ができるようになりました。

家に帰ってパソコンに向かい、「よし、今から商品の紹介文を書くぞ」と身構えて1時間かけて書く文章より、主婦が自分の感覚のままにスキマ時間の5分でパッと発信した文章のほうが、よりストレートに相手の心を打ちます。スキマ時間にスマホでできるSNS

への投稿が、集客活動にもなるのです。

そして、その投稿は、友人知人のリツイートやシェアによって世の中に拡散されていきます。主婦起業をうまくいかせるカギはＳＮＳを活用した集客活動にあるのです。

また、ママ起業家同士は、男性の起業家と違って、すぐにコミュニティを作ったり、お互いを応援し合う関係になることが多いです。

もともと主婦は、「口コミ力」があるので、人の紹介もとても上手です。紹介が紹介を呼び、実のあるネットワークがどんどん広がっていきます。実体験や感想を交えた商品紹介も、とてもナチュラルで「売り込み臭さ」がありません。だから読む人に共感されやすいのです。

主婦はもともとおしゃべり好きですし、口コミ力は半端ありません。そして、いまやほとんどの人がスマホを使いこなしています。だからこそ、普段やっていることの角度をちょっと変えるだけで、立派な集客活動になっていくのです。

## ストレスてんこ盛りの専業主婦生活とサヨナラ！

私の専業主婦時代を考えると、とても狭い世界で生きていたと思います。ご近所の目、ママ友達との付き合い、親戚付き合いのわずらわしさなどにがんじがらめになって、自由に本音を出せる場はほとんどありませんでした。

家庭内においても、夫の収入で生活しているという負い目なのか、家事や育児もちゃんとやらなくては、というプレッシャーを常に感じていました。

独身時代は自分のお金は自由に使えましたが、結婚してからは自由になるお金はなく、やりたいことも常に我慢している状態でした。

かつての私のことを思い返すと、きっと毎日同じことを繰り返す生活に、飽き飽きしている主婦も多いのではないかと思います。

専業主婦の毎日は、ストレスだらけなのです。

そんな事情もあり、どうしても主婦の意識は子どもに向けられます。しかしそれが、今度は子どものストレスになってしまうのです。

起業すると、視野が一気に大きく広がります。

社会との接点も広がるため、小さなことは気にしなくなります。気にしている暇もなくなります。

また多くの人と出会うため、窮屈な人間関係の中で鬱々としなくてすみます。まったく違う世界の人と話すことで、新たな考え方を得て、悩みが解消することもあります。

私も起業前、幼稚園のママ友達の「あの内職は、割りに合わなくて大変」「今のパート、店長が感じ悪くていやになる」などといった愚痴《ぐち》と文句の嵐に辟易《へきえき》していました。

「いやなら、さっさとやめればいいのに……」

と思っていましたが、子どもの塾代や家計の事情から、彼女たちも文句を言いながらも続けているのが現状でした。

私も、専業主婦の頃は、ものすごく小さなことをいちいち気にしながら生きていました。お金がないので、夕食の献立を５００円以内で考えなくてはいけない。そうすると「今日はこのスーパーで何々を買って……」と細かく考えてはみたものの、予定していた夕食の材料がないと、それでまた落ち込んだりイライラしたりするのです。

家の中も、義理の両親がいつ来てもいいようにきれいにしておかなきゃ、なんて苦手な掃除や片づけを毎日やっていました。いい母親、いい主婦でいなければいけないという理想像に縛《しば》られていたのです。

起業してからはそんなストレスとは無縁になりました。義理の両親が急に来たとしても、「ごめんなさい。忙しくて何も作っていないので、外に食べにいきませんか？」と、気軽に言うことができます。「いいお嫁さん」を演じる余裕もありませんし、義理の両親も、今では私の仕事を応援してくれているので、お互いに本音で話せるようになりました。

家の掃除も、もちろん自分でもやりますが、手が回らないときはお掃除屋さんに頼んでしまうこともあります。「無理なことは無理！」と割り切ってから、ストレスはなくなりました。

子育てにしても、「正しい育児をしなければならない」と思い込んで、育児書のとおりにやってみては、うまくいかないと思い悩む。そんな毎日でしたが、今思い返すと、小さなことに悩んでいたんだなと思えます。私は今のところ子どもは1人ですが、もしいま2

人目の子どもができたら、「元気に育っていれば、それでいい」と、かなりリラックスして育児ができると思うのです。

育児についての情報も、育児書や周りの同じような環境のママたちからの情報しかありませんでした。でも起業したあとは、例えば先輩の社長ママさんの育児論を聞いたり、色々な立場の人の話を聞いたりする中で、自分の視野がとても狭かったことに気づいて、キャパシティが広くなったのです。

現在、私は自分のブログで「育てない子育て」というカテゴリーの記事も連載していますが、「よく言ってくれた！」と、たくさんのママたちが記事に賛同の声を寄せてくれています。

これはほんの一例ですが、起業することで世界が広がり、いままでの狭い世界から抜け出せたことでストレスは激減しました。自分だけでなく、夫や子どもにとっても、ママのストレスがなくなるのは、とってもいいことですよね。

## 夫の見る目が、恋人時代にタイムスリップ⁉
## 〈自己成長のよろこび〉

独身時代、いまのダンナさんと恋愛してるときって、個人対個人で恋人として向き合っていたわけです。それぞれの世界で話題もたくさんあったでしょうし、相手の話に魅力も感じていたはずです。

ところが専業主婦になると、女性の世界が一気に狭くなるので、奥さんの口から出る話題が変わり映えしなくなります。他人のうわさ話とか、子どもの話とか、テレビで見た芸能人の話とか、愚痴とか……。話を聞く夫にしてみると、本当につまらなくなるようです。私自身、会社を辞めて専業主婦になってから、「毎日おんなじことしか言わないね」と夫に言われて、かなりショックでした。

けれども私には、本当に話題がありませんでした。会う人も毎日同じだし、家の中にずっといるから、新しい話題なんかつくりようがありません。だから夫もだんだん、家に帰ってもつまらないからと、外で飲んできたりするようになってしまいました。

起業してからは、私は仕事のことや出会った人のことなど、なんでも夫に相談するようになりました。そうすると、私がいろいろな会話のボールを投げて、それを彼が考えて返してくるので、夫も「会話が楽しい」と言ってくれるようになったのです。

いま思えば、専業主婦のころの会話は、会話になっていませんでした。私の愚痴をただ彼が「うんうん、大変だったね」と聞いてくれているだけの一方通行です。それではつまらないのも無理はありません。

今は建設的な話もできるし、新しい刺激的な話題もあったりしますし、人間対人間としての会話が楽しくなったと思います。まるで、恋人同士の頃のような新鮮さのある会話が戻ってきたかのようです。

起業とは、どんなに小さな規模であったとしても、社会の経済活動に参加することです。勉強のために本を読んだり、セミナーに出たり、多くの人の話を聞いたりする機会も増えるので、専業主婦の頃よりも確実に成長が加速します。

また、人に会う機会も増えるので、必然的に自分の外見や服装にも、気を遣うようになります。主婦は子どもの服には気を遣っても、自分自身のことは後回しになりがちですから。もちろん、そうやって自分自身のために使うお金も、起業することで得られます。

私が起業してうれしかったことの一つに、「ずっと憧《あこが》れていた人に会うチャンスができた」ということがあります。

専業主婦だったら、本の著者やテレビに出演している人たちに会うチャンスなんてほとんどありませんし、あったとしてもサイン会ぐらいです。けれども起業して、自分自身の肩書きをもち、情報を発信するようになってから、かつて憧れていた人たちと同じステージに立てるようになりました。

私は、ずっと川上徹也さん（作家、コピーライター）の著作が大好きでした。そして川上さんのセミナーに参加したとき、名刺交換する機会があって、「こんな主婦の起業塾をやっているんです」と自己紹介したら、川上さんも「じゃあ、今度一緒になにかやりましょう」とおっしゃってくださり、実際に私の塾で講師としてお話していただきました。

いつか会いたいと思っていた人たちと、同じステージに立って一緒に仕事ができる。それは本当に世界観が変わるような喜びです。

今まで「○○ちゃんママ」としか呼ばれなかった自分が、一人の人間として社会に認められる。その喜びは、何にも代えがたいものです。

そうやって自分自身が内側から輝いていくと、ご主人があなたを見る目も、きっと変わってきますよ。

## 子どもがみるみる明るくなっていく！〈登校拒否・いじめ・引きこもりの原因はママにあった？〉

先に書いてきたように、専業主婦はストレスに囲まれています。おそろしいのは、彼女たちが、無意識にそのストレスのほこ先を子どもたちに向けてしまうことです。

ストレスのほこ先が、子どもに向くことで、実は子どもたち自身もたいへんなストレスを感じています。登校拒否、いじめ、引きこもり、うつ、そして自殺など、現代の子どもたちが抱える問題を生み出す一つの要因として、母親のストレスが子どもに影響を与えていると最近では考えられています。

言い換えれば、子どもに対する母親の過保護《かほご》・過干渉《かかんしょう》の問題です。

私自身も起業する前、子どもが幼稚園ぐらいまでは、産後うつや育児ストレスに悩まされていました。そして、そのほこ先は子どもに向かっていました。

専業主婦だったころ、私は、世の中の常識で「よい」とされていることを、子どもに対してひたすら押し付けるような子育てをしていました。まだ鉛筆《えんぴつ》も持てない子どもを知育教室に連れていったり、幼児早期教育にはまったりもしました。わが子の個性が何かなんて、考えもしません。ただみんなと同じにできるように、ということだけが関心事でした。

「こうしなきゃダメでしょ！」

「みんながやっているのに、なんであなたはできないの？」

こういった言葉ばかりを娘にぶつけていたので、

「ママ、怒ってばっかりだし、『ダメ』ばっかり言ってる」

娘からもこう言われてしまう始末でした。

起業してからは、大げさではなく180度、子育てに対しての考え方が変わりました。よほどのことがない限り、「あなたはどう思う？」「自分がいいと思うやり方で、やってごらん」という子育てに変わったのです。そうすると、かえって娘は勉強するようになりました。

これは起業や経営にも通じることです。社長が社員に対して「こうしなきゃダメでしょ」「みんなと同じようにしなさい」とだけ言っていたら、社員のモチベーションなんて上がりようがありません。私自身も、スタッフを持ってみて、初めてその意味を実感しました。

実は子育ても同じなんだな、と気が付きました。そこで娘に対しても、

と問いかけ、娘の意思を尊重するようにしています。娘も、

「ママはこう思うよ。あなたはどう思うの？」

と問いかけ、娘の意思を尊重するようにしています。娘も、

「ママ、怒らなくなったね」

と言ってくれるようになりました（笑）。

私が起業してから、母子ともにストレスが激減したことを実感しています。子どもの表情も活き活きと輝き出しました。

起業すると単純に忙しくて、子育てや家事以外にもやることが多くなります。すると、いちいち細かいことを気にしていられなくなるのです。結果的には、子どもに対する過保護や過干渉もなくなります。

昔は大所帯で祖父母が子どもたちの面倒を見る機会も多かったはずです。また、子どもの数も多かったので、一人ひとりに対する親の関心は、適度に分散していたのでしょう。

現在は核家族化と少子化で、子どもの数は1人か2人というケースが多いです。わが家も娘1人ですから、親の関心が1人の子どもに集中してしまいます。それが子どもにとってても大きなストレスになっていることは間違いありません。

私のお友達の女性が、先日、フェイスブックでずいぶん長い告白文を投稿していました。彼女は小さなころから、母親に虐待《ぎゃくたい》を受けていたのです。

お母様は専業主婦で、彼女に対しても愛情を注いでいたのですが、うまく物事がいかなかったりすると彼女にあたってしまい、殴ったり蹴ったりしてしまっていたそうです。その衝動がおさまるとものすごく反省して、「ごめんね、ごめんね」と彼女に泣きながら謝っていた。いわゆる躁鬱《そううつ》状態を繰り返していました。

彼女は子どもながらに、母親の関心が全部自分に向けられることがつらくて、

「ママ、働いたら」

と何度も言ったそうです。お母さんの意識を外に向けたかった、とも書いていました。

母親の意識が子どもに集中しすぎると、愛情の裏返しがときに虐待になったりしてしまって、うまくいかないケースもあるのかもしれません。

もちろん、専業主婦がみなさん子育てにストレスを感じているとか、虐待してしまうということではありません。

ただ現在、子育てに過度なストレスを感じていらっしゃる方は、外で働いたり、自分で起業するということを考えてみてもいいのではないでしょうか。

母親が好きな仕事を始めることで、母親自身が明るくなると、子どももダンナさんもほっとします。ギスギスした雰囲気がなくなってくるので、家庭が明るくなります。わが家がまさにそうでした。

母親は家庭の太陽ですから、いつも活き活きと笑顔でいてほしい。私は切にそう願っています。

## 注意！　幸せになれない主婦の起業がある！

これまで、主婦が起業することのメリットを種々述べてきました。

ですが注意しなければならないのは、家族が幸せになれない起業もある、ということです。

その一つの例が、主婦が起業で収入を増やすことで夫ともめる、というケースです。

私自身もそれで大失敗をしたことがあります。みなさんにはそんな失敗をしてほしくないので、少々恥ずかしいですが、失敗談を紹介します。

私が起業した当初、夫は、「インターネットなんかでお金が稼げるの？」と、やや懐疑的ながらも黙って見守ってくれていました。

ところが半年後、ビギナーズラックだったのかもしれませんが、私はアフィリエイトで月に30万円稼げるようになっていました。

調子に乗った私は、来る日も来る日もホームページを作り続け、１年後には、アフィリエイトで月に１００万円の収入を得るまでになっていたのです。さらに、まわりに勧められて作った情報商材も１０００本以上売れ、びっくりするような金額が毎月自分の口座に振り込まれるようになりました。

雑誌や新聞で、「稼ぐ主婦アフィリエイター」として取材を受けたり、セミナー講師などの依頼もひっきりなしに来るようになりました。

そんな私を見ながら、夫は、かなり複雑な思いでいたようです。「ネットで収入を得るなんて無理！」と言っていたのが、妻が1年で自分の収入を超えてしまったわけですから……。

私は税務署にも、個人事業主の届けを出し、夫の扶養家族からは抜け、自分で税金を納めるようになっていました。

「自分だってやればできるんだ」

と、少し天狗《てんぐ》になっていた私は、今までなら夫に相談してからやっていたことも、自分で勝手に決めるようになりました。

自分の収入から、ちょっと高級なレストランにご飯を食べに行ったり、「友達と海外旅行に行ってくる」と言いだしたり、娘に次々と習い事をさせてみたり、自分や子どもの服なども値札を気にせず買うようになっていました。

それが当たり前になりかけた頃、夫がぽつりと言いました。

「俺、いなくてもいいんじゃない？　ともちゃん（私の呼び名）にとって俺ってなんなの？」

その言葉に、私は、はっとしました。

どれだけ夫を傷つけるようなことをしてきたのだろう、と。

自分がここまでがんばれたのは、家族の協力があったおかげなのに！

いくらお金が入ってきたって、自分のためだけに使っていたら楽しいはずがありません。私は起業して得た収入は、いつだって家族で楽しむことに使いたかった。家族の笑顔が見たかったんです。でも、いつのまにか、そのことを忘れていました。

家族を喜ばせられると思ったビジネスやお金で、私は、いちばん大切なものを、失うところでした。

私は、夫に自分の思い上がりを謝り、どれだけ夫や家族の存在が自分にとって大事なのかを伝えました。そうして、夫婦の危機をなんとか乗り越えることができたのです。

私のまわりには、起業した既婚女性は数多くいるのですが、妻が稼ぎすぎて夫のメンツをつぶしてしまい、結果として離婚し、一人でバリバリ仕事をしているという方が少なくありません。たしかに、経済的には、彼女たちは全然困っていないと思います。男手がなくても、たぶん平気なのだと思います。

でも、子どもにとって両親の離婚や不仲はやはり不幸でしょう。

だからこそ、あくまでも家計を支えてくれているのはダンナさんである、という感謝の気持ちを忘れないことが何よりも大切です。

もしも収入が増えてきたらどうするか？

妻の収入が増えすぎて、それをダンナさんが知ると、「自分の存在価値がなくなる」と思って自信をなくすか、妻に当たってくるか、妻の稼ぎを頼りにして働かなくなるか……。

いずれにしても、いいことは一つもありません（笑）。

そのため、起業した当初の月に１万〜２万円のころはダンナさんに収入の額を伝えてもかまいませんが、稼げるようになってからは、通帳は見せないようにするのが無難です。

収入を聞かれても、「う〜ん、友達とランチに行けるくらいかなぁ！」「○○ちゃん（子ども）の塾代の足しになるくらいかな」ぐらいで、シラを切り通しましょう。

あくまでもダンナさんには、

「あなたの収入で生活できているの。ありがとう！」

というスタンスを忘れないでください。

ダンナさんのメンツをつぶすようなことをするのは、誰にとっても幸せではないということを覚えておきましょう。

私がこの本で提唱する主婦の起業がなぜ「月10万円」かというと、そのぐらいが家族にとって一番幸せだと思うからです。昼間、ダンナさんが働いていて、子どもが幼稚園や学校に行っている。そのちょっと空いた時間を有効活用して、月に5万〜10万円ぐらいを主婦が稼ぐ。そうして余裕ができた分のお金を、家族が幸せになるために使う――。

それが、もっとも賢い主婦の起業スタイルなのです。

# 第3章　私たち、主婦起業で成功しました！

この章では、私の友人たちで、主婦起業で成功した人たちの例をご紹介します。彼女たちの好きなことや趣味を活かして、自分らしく働いている姿は、読者のみなさんの参考になると思います。

## 昔から大好きな部屋の片づけ。それがお金になるなんて……
## 【整理収納士まりさん】

まりさんの肩書きは「整理収納士《せいりしゅうのうし》」です。

「整理収納士」という言葉は、まりさんの造語で、整理収納に関するさまざまなことを取り扱っています。

部屋の片づけの苦手な方のお宅を訪問し、その方が使いやすいように整理・収納作業を行うサービスをしています。また、整理収納に関するコンサルティングやアドバイス、またセミナー講師としても活動しています。企業研修や公共施設などでのセミナーも数多く実施しています。

「整理収納アドバイザー2級認定講師」（整理収納アドバイザー2級の資格を与える講師）の

http://ameblo.jp/kaiteki-marisroom/

資格ももっています。

お仕事を始めようとしたきっかけは、下のお子さんが小学校に上がり、時間に余裕ができたことと、働いているママ友が輝いて見え「私も働きたい」と思ったからだそうです。

子どものころから片づけが好きだったまりさんは、「好きなことでお仕事ができたら！」と思い、整理収納士として起業を決意されました。

平成22年4月に起業して5年目。お客様はブログやホームページから依頼されることが多いそうですが、一度サービスを受けた方のリピートやご紹介も多いそうです。

ご自分の家庭の中でも、どこに何があるか

誰でも分かる収納システムを取り入れられました。すると、まりさんが仕事で忙しいときにも、小学生の2人のお子さんやご主人が家事を手伝ってくれるようになり、現在は安心して仕事ができているそうです。

まりさんは、起業するまではずっと専業主婦で、まさか自分が好きでやっていた整理収納がビジネスになるとは思っていなかったそうです。現在は、雑誌やテレビの取材を受けたり、お客様のお宅を訪問してアドバイスしたりと、毎日大忙しです。

※HP：http://marikomi.com

## 手作りウェディングドレスのキット販売が予想外にヒット！【手作りドレスキット販売のまちこさん】

まちこさんは、「ウェディングドレスを自宅で手作りできるキット」をインターネットで販売しています。

http://ameblo.jp/witem/

彼女はもともと専業主婦で、中学生と高校生の娘さんがいらっしゃいます。

ご自分の結婚式の時に、自分で縫《ぬ》ったウェディングドレスを着て式に臨んだところ、お客様から「すごい、すごい！」と大反響だったという経験をお持ちでした。

あるとき、ネットを使って起業していたご主人から「ホームページを作るから、何かやらない？」と誘われたまちこさんは、「自分の大好きな洋裁で何かやってみよう」と考えたそうです。すぐに、「手作りウェディングドレス」というアイデアが浮かんできたのだとか。

お子さんが大きくなったとはいえ、まちこさんも忙しかったので、あまり時間はとれません。そこで考えたのが、お客様ご自身がウェディングドレスを手作りするためのキット。これなら、ドレスを実際に作り上げるのはお客様です。お客様自身が生地を裁断したり、ミシンで縫ったりするわけですから、たしかにまちこさんの手間はかかりません。

非常に目のつけどころがいいな、と思います。

教室を開いて自分で教えるとなると、自分の時間を使わなければいけません。キットなら、一度作ってしまえば、あとは注文が来たら発送すればいいだけですから、ネットとの相性もいいのです。

それで、「wedding-dress.info」というホームページをオープンして、手作りウェディングドレスキットの販売を始めました。

ところが、最初はまったく注文がなかったそうです。

ネットに精通したご主人のアドバイスで、ＳＥＯ（検索エンジン最適化）対策をしっかりやったところ、1年ほどでまちこさんのホームページが「手作りウェディングドレス」という検索ワードで1位になりました。すると注文が急にドッと増えてきて、月に十数件と入ってくるようになったのです。

現在は、1日30分程度、ブログやフェイスブックの更新をして告知するだけで、ＯＬ時代の月収の３倍ほどの収入になっているそうです。

彼女の起業スタイルは本書の主旨にぴったりで、自分が好きな洋裁という「半径５メートル」の分野で起業をしています。お客様から、メールや電話での相談もけっこうあるらしいのですが、彼女自身、洋裁が大好きなので、それらの相談の対応をすることに「仕事をしている義務感はまったくない」と言っていました。

収入は、まちこさん自身が習い始めたバレエ代や、ご主人の趣味である自転車レースの費用などにもあてているそうです。

まちこさんご一家とは家族ぐるみで親しくさせていただいており、先日も家族で一緒にグランドキャニオンへ旅行に行ってきました。まちこさんはネットショップ、ご主人はアフィリエイト、私もネット塾を運営しており、私の主人はライターです。みんな、ネットがつながれば仕事ができるので、日本にいなくても大丈夫なんですね。時間と場所の自由がきくのも、起業の楽しいところです。

まちこさんは将来、「洋裁の基本になる『型紙作り』を基に、洋裁を多くの方に楽しんでいただけるようなサイトを作りたい」と夢を語っていました。

※HP：http://www.wedding-dress.info/

## オシャレをしたい50代のお買い物に付き合います！【50代向けパーソナルプロデューサーのぶよさん】

パーソナルプロデューサーとして活躍するのぶよさんは、私の主宰する「彩塾」の卒業生です。

パーソナルプロデューサーとは、ちょっと聞きなれない肩書きかもしれませんが、のぶよさんは、オシャレをしたい50代女性の買い物に付き合って、ご本人に似合う洋服をコーディネートする仕事で起業されました。一般的には、パーソナルスタイリストと呼ばれることが多いかもしれません。

のぶよさんはもともと専業主婦で、息子さんが高校生のときに彩塾に入られました。それまで約10年もの間、ＡＬＳ（筋萎縮性側索硬化症《きんいしゅくせいそくさくこうかしょう》）という難病のお母様を介護されてい

http://ameblo.jp/personal-produce-n/

たのですが、そのお母様が亡くなり、外に出られるようになったので、何か仕事をしようと思ったそうです。

ところがご自身も50歳近くなってなかなか再就職が難しい。パートで若い子の下で働くのも嫌だと思ったときに、「じゃあ起業しよう」と考え、彩塾に入られたのでした。

いろいろお話をするうちに、以前アパレル関係にお勤めだったのでファッションにくわしくて、オシャレも大好きだということがわかってきました。私は提案しました。

「じゃあ、のぶよさんの大好きな『オシャレ』を仕事にしましょう」

彼女が今の仕事を始めたのは、２００９年1月のことです。

ブログの書き方やホームページの作り方を学び、ネットで集客したところ、すぐに人気が出ました。今では、50代女性のカリスマのようになっています。私も、「今度こういう取材があるんですけど、どんな服を着ればいいでしょうか？」と相談すると、のぶよさんがあっという間にイメージに合った服を選んでくれて、本当に助かったことがあります。女性経営者を中心に多くの女性が、彼女のところにアドバイスを受けに来ています。

のぶよさんが絶妙だったのが、ターゲットを自分と同じ50代女性に特化したことです。20～30代女性向けのオシャレ情報はたくさんあるし、その年代を対象にするスタイリストもたくさんいます。けれども50代女性のオシャレをアドバイスしてくれる人は本当にいませんでした。そこに目をつけて起業したのが成功の秘訣です。

日常生活の中で、「こんなのがあったらいいのにな～」と感じていた願望に対して、その空白を埋めるサービスを提供したことが、主婦の起業として成功したポイントです。

のぶよさんは、お客様と実際に会って、その方の予算や好み、目的などを細かく聞いた上で、一緒にお店に行って洋服を選んでくれます。その意味では、お客様に合わせてあちこちに出向かなければいけないので、「好きな時間にリビングで仕事ができる」という気楽さとはちょっと違います。のぶよさんは、お子さんも現在大学生と大きくなられたので、「自宅」にとらわれない仕事のスタイルが可能なのです。

現在、のぶよさんはパーソナルプロデューサーの仕事と並行して、「女愉会《じょゆうかい》」という組織を立ち上げて活動されています。「女愉会」では、起業や自立をしたい女性が集まって、イベントやセミナーを企画しています。

たとえば起業したばかりの女性たちでイベント会場にブースを出店して、集まった方にその商品に触れてもらう、といったことを、のぶよさんが企画しています。「女愉会」のメンバーは口コミで増えており、今では、毎月何かしらのイベントを開催しています。

将来は女性の自立をより応援しつつ、難病の方など社会的弱者を支援する活動も展開していきたい、と話していました。ご自分がお母様を介護した経験を、さらに大きな社会貢献に広げようとするのぶよさんのバイタリティは、見習いたいですね。

※HP：http://personal-produce.com/contents/

## 友達にパンの焼き方を教えることからスタート【天然酵母パン教室のあきこさん】

独身時代からパンを焼くことが好きだったあきこさん。

現在、天然酵母《てんねんこうぼ》パンを手作りする教室「happyDELI Healthy Food School」を運営されています。

もともと、学生時代にアルバイトしていた喫茶店の仕事が楽しかったので、いつか喫茶店を開こうと考えていました。

どうせなら、好きなパンも作りたいと思い、喫茶店兼パン屋さんを２００４年にオープン。同時にパン教室もオープンさせました。現在はパン屋さんは休業し、パン教室のほうに集中されています。

パン屋時代のあきこさんは毎日18時間、年間３６０日働いていたので、家族と過ごす時間がほとんどなかったそうです。途中で出産を経験されましたが、家事育児はほとんどご主人に任せっきりだったそうです。

http://happydeli.jp/

現在はパン教室のみにしたので、家族との時間も少しはもてるようになったそうです。

お客様は、ホームページやフェイスブック、また口コミで集まってきています。

あきこさんは、ご自身で考案された「ポリ袋で簡単に作る天然酵母パン」を広めるために、現在は全国でパン教室を開くほか、出版活動にも力を入れています。

著書も、『ポリ袋で作る天然酵母パン　フライパンや鍋で手軽に焼ける』『ポリ袋でかんたん！　甘酒＆酒粕でつくる天然酵母パン』『はじめて絵本　ふわふわパン作り』『食べてきれいになる　天然酵母パン』『ポリ袋でかんたん！　天然酵母の食事パン＆おつまみパン』など多数あります。

「パン作りを通して笑顔を届けることが目的です」

と言うあきこさん。

ポリパン協会（仮称）を設立して、癒《いや》しと幸せのパン作りや、身体と心に優しい食生活を広めることが、次の目標です。

※HP：http://happydeli.jp/

## ハーブエステサロンで人と人とをつなぐ【ヘルスケアアドバイザーやえさん】

やえさんは、もともとご自分がトラブル肌に悩み、人前に出るのも嫌だった時期があったそうです。

その症状が、ハーブと水素水に出会ったことで改善。同じように悩んでいる女性に笑顔を届けたいと、２０１３年秋にハーブエステサロンを開業しました。

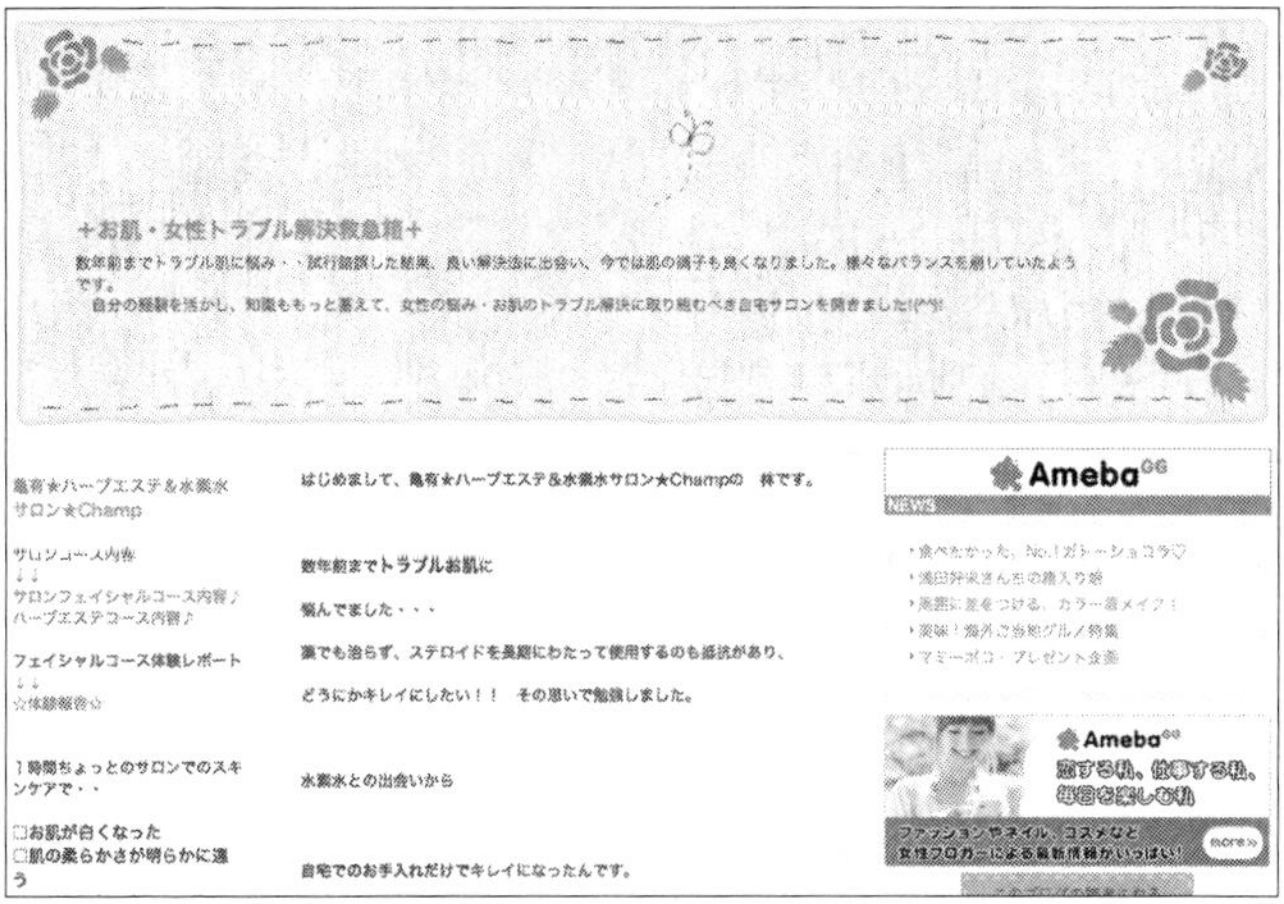


http://ameblo.jp/yy-haya

美容促進器具「ＹＯＳＡ」ハーブエステを用いたやえさんのサロンでは、身体の根本の冷えを解消し、老廃物《ろうはいぶつ》排泄《はいせつ》を促すという体質改善を行います。また、水素フェイシャルコースなど、相手に合わせたコースも用意しました。

同時に、サロン開業支援など、女性の起業支援もしながら、人と人をつなぎ、人脈を広げるお手伝いを始めています。

ある程度、お子さんが大きくなってから起業したやえさんは、子育てとの両立の苦労は少なかったようですが、ご主人の仕事が多忙なため、家事はほとんどやえさん一人でこなしています。子どもの行事の日はあらかじめサロンを「休み」にしてしまうなど、うまくタイムマネジメントをしています。

やえさんはもともと交友関係が広く、起業当初は人脈を頼りに集客していました。現在はフリーマガジンの『ホットペッパービューティ』に広告を掲載し、当日予約可、ポイント加算など、お客様の利便性を重視したシステムを活用しています。

また、さまざまな女性起業家とコラボレーションした美容・健康系のイベントを随時開催しており、その情報は逐一フェイスブックで告知。お客様との緊密なコミュニケーションを継続しています。

「サロン経営としては、まだまだこれから」

と話すやえさんですが、その行動力や人脈はすごいものがあります。

「女性には自信をもって、視野を広げ、プラス思考で過ごしてもらいたい！」

と、自宅サロンをはじめとした起業支援にも力を入れていきたいというやえさん。

女性一人ひとりの個性を大事にして、人と人をつなぐ役割を担おうとする姿勢は、本書で訴えている主婦の起業モデルを体現していると思います。

※ブログURL：http://ameblo.jp/yy-haya

## 家族を健康にするため学んだホメオパシーから独自のメソッドを作り協会に【ビジュアル分析学創始者ゆみさん】

ゆみさんは、3度の離婚歴があって、なんと現在、8人のお子さんがいるシングルマザーです。

彼女のお仕事は、「自然療法治療家《しぜんりょうほうちりょうか》」であり、同時に「ビジュアル分析《ぶんせき》学創始者」としても活動しています。

もともと、ゆみさんは「ホメオパシー」という治療法を学んできました。日本ではホメオパシーはちょっとマイナーですが、ドイツが発祥で、体の自然治癒力を引き出す施術です。ゆみさんはホメオパシーを活かしながら、カウンセリングやスクール形式で、心と体のバランスをナチュラルに整える技術を伝えています。自然療法治療家としての活動歴はすでに17年になります。

ゆみさんがすごいのは、そこで終わらないところです。

ホメオパシーの活動を通じて1万5000人以上のカウンセリングをした経験から、人

http://ameblo.jp/haradayumi/

の本質を見抜く「ビジュアル分析学」という独自のメソッドを考案しました。それだけではなく、日本ビジュアル分析学協会を立ち上げ、「ビジュアル分析学診断士」という民間資格まで創設してしまいました。

ビジュアル分析学とは、見た目や肌の色や歯の大きさといった人の外面から、「先祖代々からの遺伝要素」「食生活」「行動様式」などを推し量り、そこからさらに、その人の性格や感情、コミュニケーションの傾向性などまで分析するというものです（くわしくはゆみさんのホームページを参照してください）。

ゆみさんはホームページやメルマガ、ブログ、フェイスブック等、ネット上での発信力が本当にすごい人です。ビジュアル分析学協会も、始めて約2年なのですが、会員がどんどん増えています。

そして、それらの根底に、母親としての愛情があるのがゆみさんの魅力です。

８人の子どもを育てるのは、半端じゃなく忙しいはずです。下が4歳から、上は高校生までと聞いていますが、もう団子みたいになってみんなで生活しているそうです。先日、ゆみさんのフェイスブックで「８人分の洗濯物を1時間で全部たたんだ」と書いてありましたが、写真を見てみるともうとんでもない量なので、思わず私も「どう考えても1時間でたためる量じゃないよね」と聞くと、

「靴下なんか裏返っててもそのまんまたたむし、子どもごとに分けてるだけで、ちゃんとたたんでないよ～」

と元気に笑います。

ゆみさんはそんな感じのおおらかなお母さんです（笑）。

それでも、子ども一人ひとりの個性をよく見ているし、また感じている人です。ゆみさんとはよくランチをご一緒しますが、先日、一番下のお子さんをつれてこられました。

聞いたら、

「今日はママといたい、って言うから保育園は休ませた」

なんてサラッと言います。

もともとホメオパシーを勉強したのも、子どもたちの健康を病院だけに任せていていいのか、子どもの健康は母親である私が自分で守りたい、という思いでスタートしたそうです。母親の愛情から、起業しているんですね。

現在、「ハートケアプロジェクト」と題して、子育て支援やシングルマザー支援の活動も始めているゆみさん。将来は、ビジュアル分析学を応用した幼児教育をやってみたい、ゆくゆくは私立の幼稚園をつくりたい、とおっしゃっています。

母親の愛情は、起業の大きな原動力にもなるのですね。

※HP：http://haradayumi.jp/

## 授かりアート　妊婦さんのお腹に描くボディペイントが人気！【ベリーペイントアーティストかずみさん】

小学生の娘さんをもつ主婦のかずみさんは、妊婦《にんぷ》さんのおうちに出かけて、赤ちゃんがいる大きなお腹に絵を描く「ベリーペイント」を行っています。ベリーとは「お腹」という意味で、お腹を出して踊る「ベリーダンス」の意味合いと同じです。

かずみさんはベリーペイントを「授《さず》かりアート」とも呼んでいます。妊婦さんのお腹にお母さんが赤ちゃんを抱っこしているような絵を描いてから、そのお腹の写真を撮ってお客様にプレゼントするのです。海外ではよく妊婦さんが自分の大きなお腹を記念として写真に撮るそうですが、日本ではあまりそういうことをしません。かずみさんは、きれいな絵を描いて赤ちゃんがいるお腹を写そう、と呼びかけています。

もともとイラストを描くのが好きだったかずみさん、５年前に参加したフリーマーケットで絵葉書を販売した時に親しくなった友達から、「２人目を妊娠したので、ベリーペイントを描いてほしい」と連絡がありました。

http://ameblo.jp/sazukariart/

「面白そう、やろう！」

と決めたかずみさんは、フェイスペイント専用のアクリル絵の具をそろえ、その友達の家に行きます。本人の希望や赤ちゃんへの想いを聞きながら、イルカと天使の玉子をモチーフにした絵を描きました。

おなかに描く時に、赤ちゃんが動くのを感じて不思議と胸が熱くなり、無我夢中で描いたそうです。

その後、ベリーペイントを描いてあげたお友達がミクシィなどで紹介してくれたこともあり、口コミで少しずつ声がかかるようになって、仕事にしていきました。合間に日本フェイスペイント協会や、日本ベリーペイント協会で資格も取りました。

かずみさんは2010年7月にベリーペイントの仕事をスタート。当初は平日のみ仕事をしていました。

ですが、ご夫婦やご家族での記念撮影でベリーペイントを描いてほしい、というような依頼がくるようになり、土日や祝日に出張して描かなければいけないケースも増えました。小学生の娘さんとの兼ね合いもあって、スケジューリングに悩んだそうです。

ご主人も勤務時間が長く、休みの予定も直前にわかるという勤務形態なので、苦労は絶えないようですが、それでもかずみさんの仕事に理解を示し、協力できるときは助けてくれるといいます。ほかにも、周囲のお友達なんかも手助けしてくれるそうです。

主婦の起業は、家族を幸せにするためのものですから、そのためにも周囲の理解をしっかりと得ることが大切ですね。

現在もブログやフェイスブックなどを経由したり、口コミなどで仕事の依頼がきて、月に数万円のリズムでお仕事をされています。

「これから命を育むご夫婦にエールをおくれるような存在でありたい」

というかずみさん。

今後は、妊婦さんへのカウンセリングや、アート教室などができるサロンを持つことが目標だそうです。そしてゆくゆくは日本の「授かりアート」を海外へも届けていきたいとも話しておられました。

周囲のお友達からの一言が、かずみさんの可能性をここまで広げ、起業に結びついたのです。

※ブログURL：http://ameblo.jp/sazukariart/

## 英語が好き。英語で失われた日本人の自信を取り戻したい！【すてる英語トレーナーゆかさん】

ゆかさんは、3歳のお子さんをもつ主婦です。

学生時代、英語が好きでイギリスとアメリカに留学し、米国公認会計士の資格も取得。アメリカの大手保険会社に入社し、内部《ないぶ》監査《かんさ》の仕事でバリバリと働いていました。

結婚・出産を機に家庭に入るも、「自分の可能性を試したい」という思いが常にあったそうです。

そこで、「セミナーコンテスト」という、好きなテーマで10分間スピーチをするというコンテストに出場し、その全国大会で準優勝という成績を収めました。

そのときにゆかさんが話したテーマは「すてる英語」。

日本人は、中学・高校・大学と約10年間英語を学んでいるにもかかわらず、多くの人が「私は英語ができません」と言います。けれども中国人やインド人は、「ハロー」「サンキュー」ぐらいが言えれば、「私は英語が話せます」と平気で言います。

この差はなんなのか？　ゆかさんは、「すてる英語」という秀逸なネーミングをつけ、独自のメソッドを提案しました。「しっかり正解を言わなきゃ」と考えてきた「固執」を捨てていくことが、英語上達の近道だと説いたのです。

そのスピーチが評価されたことで、自分が得意な「英語」で貢献できるかも！　と、２０１２年６月に「すてる英語」トレーナーとして起業しました。

現在は、英会話コミュニティー「捨てる英語スクール」を運営しつつ、書籍の執筆やセミナー・講演などを行っています。

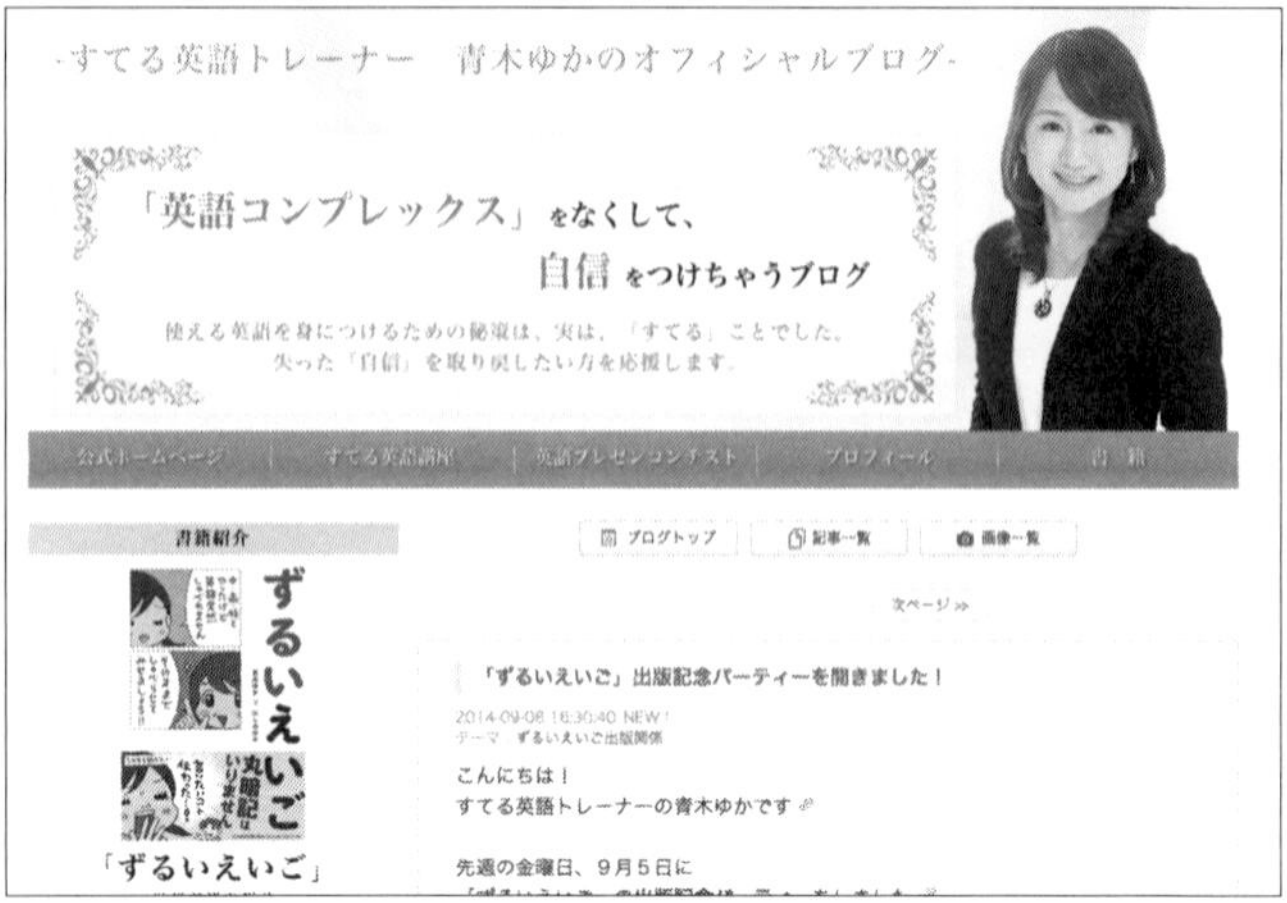


http://ameblo.jp/suteru-eigo

ゆかさんとは、私の出版記念セミナーに彼女が来てくださったのが最初の出会いでした。セミナーが終わるやいなや、初対面なのに泣きながら駆け寄ってきてくれたのです。

「私も産後うつで、世の中に出たくて出たくて仕方がなかったんです。それで、得意の英語で起業しました。私のつらかった思いを山口さんが代弁してくれたから、もう感極まって泣いちゃいました！」

とおっしゃっていました。

実は、第2章で少しだけ触れた、私がスカイプで英語を習っている人というのは、このゆかさんなのです。

私は苦手な英語をゆかさんに習う代わりに、ネット関連のことを教えてあげたりしています。

ゆかさんは3歳のお子さんを育てながら起業していますが、前述のとおり、子どもが寝たあとにスカイプを使って英会話の個人レッスンを行っています。

小さい子どもを育てながら、家にいながらにして収入を得られるのは、主婦の起業ならではですよね。

２０１４年7月には著書『ずるいえいご』（日本経済新聞出版社）を出版。今後は、「捨てる英語スクール」を通して、「英語への自信を自分への自信に変えて、輝く人を作っていきたい」とも語っておられました。

※HP：http://www.suteru-eigo.com/

## 〈趣味なし、特技なし、資格なし〉の私が、なぜ産後うつから大成功できたのか？【彩塾塾長ともこ】

最後に、私自身がどうやって起業したのかも少しご紹介します。

私はこれまで、主婦の起業は「半径5メートル」「衣食住が大事」などと訴えてきましたが、自分の起業はそこにはあてはまりませんでした（笑）。

自分には特に趣味も特技も資格もありません。家事は苦手でしたし、英語もしゃべれませんし、オシャレのセンスもありません。

ただ、パソコンの操作は好きだったんですね。

独身時代に勤めていた会社は建築関係だったのですが、私はCAD《キャド》というパソコンソフトを使って設計の図面をつくっていました。当時の社長はアナログな人で、図面を鉛筆と定規で地道につくっていたのですが、私が「これからはCADですよ、パソコンですよ」と主張して事務所にCADが導入されることになりました。

CADで設計図を描くと何がいいかというと、図面を描いて建物の高さを入力すれば、ボタンひとつで上から見た鳥瞰図《ちょうかんず》にも、横から見た断面図にも変化させることができる。また色も簡単につけられますし、人や木を入れたりしてイメージ豊かなものにも仕上げられる。するとプレゼンテーション能力があがって、仕事の受注も増え、CADを提案したことで社長にもとても喜ばれたのです。

しかし、出産を機に仕事をやめて家庭に入った私は、社会と離れたさみしさから産後うつになってしまいました。

「このままではダメになる！」

と思った私は、とりあえず好きなパソコンを触って、ネットオークションでお小遣いを稼ぐところからスタートしました。子どもがまだ0歳の時のことです。

そして決定的だったのが、先にも少し触れましたが、幼稚園の娘が「ピアノとバレエを習いたい」と言い出したとき、「お金がないから我慢してね」と言って諦めさせたことでした。

「とりあえず、月3万円あれば、ピアノとバレエを習わせてあげられる」

そこで、本格的にネットで稼ごうと思い、アフィリエイトを始めます。3年間近く、独

http://ameblo.jp/up-links/

学でやりましたが、なかなか稼げません。

「やっぱり、個人がネットでお金を稼ぐなんて無理なのかな」

と思っていましたがちょっと無理をして、35万円もかかるアフィリエイト塾に入って勉強したら、1年で月100万円ほど稼げるようになってしまったのです。

私はパソコンが好きだったので、1日何時間でもパソコンで作業していられます。苦にならないのです。これが、「お料理教室」や「お片づけ教室」だったら、1カ月も続かなかったでしょう。やはり、「好きなこと」で起業することが、成功への何よりの近道です。

アフィリエイトで稼げるようになったので、近所のママ友数名に、自宅でアフィリエイトを教えていました。するとものすごく感謝されるのです。私としては、好きなことの話を友達にしているだけの感覚でした。

それでこんなにみんなから感謝されるなら、思い切ってもっとたくさんの人にアフィリエイトのことを教えよう。そう考えて、２００８年にネットスキルを教える「彩塾《さいじゅく》」を立ち上げて、本格的な起業をしたのでした。

「彩塾」は通信制のオンラインスクールなので、月に一回のセミナー以外は、インターネットを使ってテキストを配信したり、質問に答えたりしています。その頃には娘も小学生になっていたので、娘が学校に行っている間が私の仕事タイムでした。

彩塾を立ち上げた翌年には会社を設立して、彩塾以外の事業として、得意だったホームページ制作やコンサル、セミナー業なども始め、現在にいたっています。

本書を読んでいる方にも、絶対に何か、起業のタネはあるはずです。何の特技も資格もない私でも、「パソコンが好き」というところから起業につながっていきました。ネタが何もない人なんていません。ましてや主婦でしたら、これまで述べてきたように男性よりよっぽど起業がしやすい条件があるのです。

自分では当たり前だと思っていることが、他人から見るとすごい力であることはよくあります。私もそうでしたし、本章で紹介した「パーソナルプロデューサー」ののぶよさんや、「授かりアート」のかずみさんなどはそのいい例でしょう。

次の第4章では、自分自身のなかから「起業のタネ」をどう見つければよいのか、説明していきたいと思います。

# 第4章　まずは「自分の得意」で1歩を踏み出そう

## 自己分析で自分の棚卸しをしよう

前章まで、「主婦の起業＝かたつむり起業」についてのメリットをさまざまな角度からご説明してきました。

それではいよいよ、起業に向けての具体的な準備を始めましょう。

「そうはいっても、何から始めればよいかわからない……」

と、戸惑う方もいらっしゃるでしょうが、ご安心ください。

本章で紹介しているステップを順に実践していくだけで、起業の準備ができます。

ここでもう一度、「かたつむり起業」についておさらいしておきます。

①「か」＝かんたん

②「た」＝たのしく

③「つ」＝つづけられ

④「む」＝むりなく
⑤「り」＝リスクなく

この「かたつむり起業」が、主婦の起業で成功するための秘訣だと申しあげてきました。

「かたつむり起業」のタネを探すために、まず、自分自身の棚卸《たなおろ》しをしてみましょう。

自分の体験や知識、興味のあること、得意なこと、持っている資格や、やってきた趣味や習い事などを棚卸しして「見える化」することで、起業のタネを探すのです。

まずは、次頁のワークシートを埋めてみましょう。

## 自分の体験や知識の棚卸しをしてみよう！

自分が得意なこと・好きなこと・興味のあることは何？

今までに一番お金をかけてきた趣味や習い事は？

これをしていると時間がたつのを忘れることは何？

人によく聞かれたり、相談されたりすることは何？

取得した資格などは？

いかがでしょうか？　どのくらいの項目を埋めることができましたか？

必ずしも、全ての項目を埋める必要はありませんので、リラックスして書き出してみてください。また「こんなことは起業には関係ないな」などという先入観《せんにゅうかん》も取り払って、なんでも書いてみてください。今の段階では、どれだけたくさん書いてもいいのです。

それでも、「あんまりないな」「ピンとこないな」という場合は、自分の「過去」にさかのぼってみましょう。

幼稚園時代、小学生時代、中学生時代、高校生時代、大学・専門学校時代、20代、30代、など、その時々の自分自身を思い出してみてください。

さらに、「未来」についても考えてみましょう。

## 過去にさかのぼる！

楽しかったこと、夢中になってやったことは？

| 幼稚園時代 | 小学生時代 | 中・高校生時代 |
|---|---|---|
| | | |
| 大学・専門学校時代 | 20代 | 30代 |
| | | |

## 未来のことを想像してみる！

もし生まれ変わったら何をしたい？

宝くじがあたって億万長者になったら、何をしたい？

お金がもらえなくてもやり続けたいことって何？

お金がもらえても絶対にやりたくないことって何？

私の場合は、好きなこととして思い浮かんだのは、「海外旅行」と「引っ越し」でした。過去をふり返って真っ先に思い浮かんだのは、大学時代にアルバイトで営業を経験し、毎日いろいろな人に会うのが非常に楽しかったことでした。

新卒で入ったリクルートでも、営業職として、毎日たくさんの人といろいろな場所で会っていました。

それらを書き出してみて、ぼんやりと見えてきたのは、私は「人と話すこと」「毎日違う場所で仕事できること」が好き、ということでした。

さらに結婚後の30代でネットオークションに熱中し、暇があればネットサーフィンをしていました。職場でもCAD導入を提案し、毎日パソコンを操作していました。

私の現在の仕事は、ネットスキルを教える彩塾を主宰して、毎日たくさんの人と会ったり、いろいろな場所で講演やセミナーをしています。

つまり、私の特質として、いろいろな人と会ったり、さまざまな場所に行って仕事をすることが好きであるということ（毎日同じ会社に出社して決まった仕事をこなすのは苦手）。

そして、「時間がたつのを忘れるほど好きなこと」は、インターネットに触れることなので、ネットスキルを教える塾やセミナー講師は、私にとって天職なのです。

これらの起業のタネは、実は昔の自分がすでに蒔いていたことに気がつきます。

主婦の起業は、お金儲けだけを目的とするのではありません。本当に自分がやりたいこと、無理なく続けられることで起業することが大切です。

そのためには、自分白身の棚卸しをじっくりと時間をかけて行ってみてください。起業のタネが必ず見つかるはずです。

## 友達からフィードバックをもらおう！〈ニーズ調査〉

自分自身の棚卸しをするワークシートが埋まったら、次のステップとしてそのワークシートを他の人に見てもらいましょう。その際、「ここから見えてくる起業のネタとしてどんなものがあると思う？」と聞いてみてください。

できれば家族だけではなくお友達、それも性別、年齢、職種などが異なる複数の人に見てもらい、意見を聞いてみてください。

他の人に見せるのは恥ずかしい、という人もいるでしょうが、大事なプロセスなので必ずやってみてください。

なぜかと言うと、自分では当たり前だと思っていることでも、他人からすると当たり前ではない、ということがよくあるからです。

他人からの意見や質問を受けることで、自分自身についても新たな気づきが生まれます。どんなところに興味をもつのか、どんな疑問が出てくるのか、興味をもったり引っかかるポイントは、人それぞれに違うことがよくわかります。

自分の当たり前は、他人の当たり前ではないということに気づくためにも、他人の目は必要です。

こういう人からの目線を意識することで「第三者目線」↓「相手想い」↓「お客様想い」の視点が養われます。

ビジネスは、「相手が望むもの＝ニーズ」を提供することで、対価を得られます。ニーズとは、「お金を払ってでもお願いしたいこと」です。

自分以外の他人が、どんなことに興味をもち、どんなニーズをもっているのか。自分が

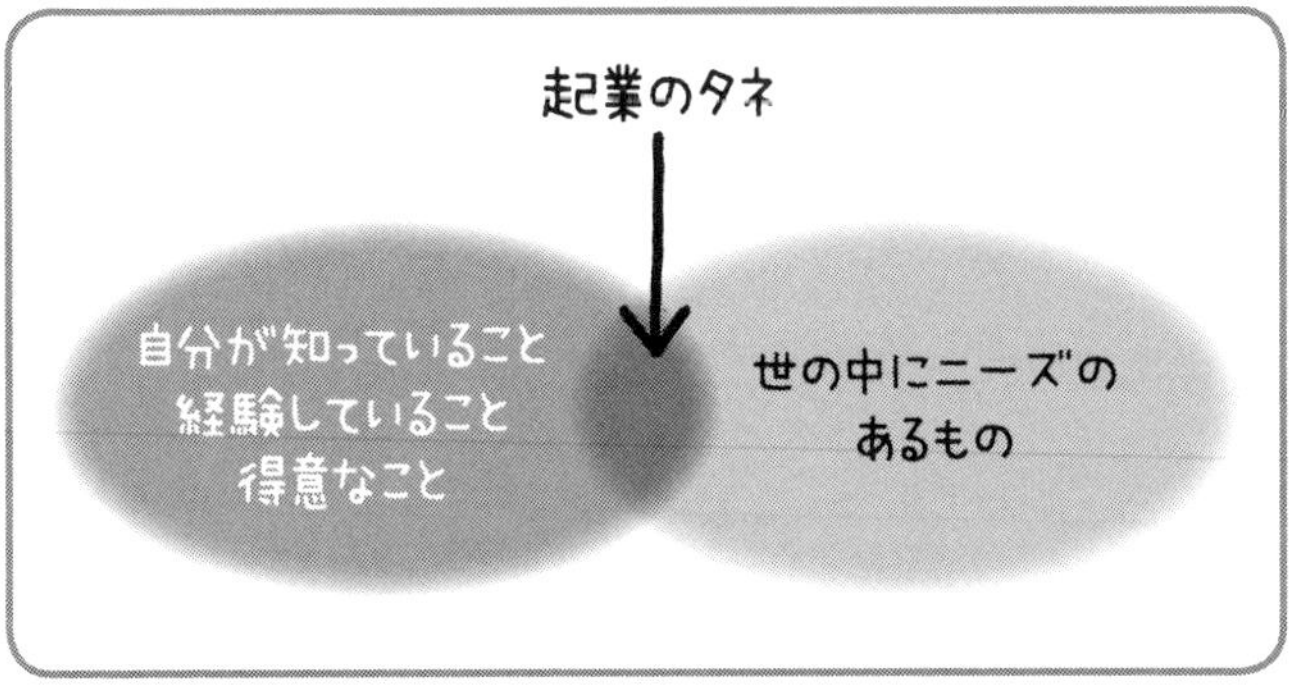


もっているリソース（資源）に、相手のニーズと合致するものがあるのかどうかを探っていきましょう。

ニーズを調べるには、まずはまわりの人に聞いてみることです。そのときに、自分の棚卸しをしたワークシートを見せながらだと、相手も質問がしやすくなります。

また、ネットでの口コミサイト（「Yahoo! 知恵袋」や「教えて！goo」）などで、他の人が知りたがっていることを検索してみるのも、ヒントになるかもしれません。

自分が知っていること、経験していること、得意なことといった手持ちのリソースと、世の中のニーズの重なる部分が、ビジネス（起業）のタネとなるのです。

彩塾の場合、何人かでワークシートを見せ合って、ディスカッションをします。

あるとき、こんな方がいました。

「美術館に行くのが好きで、海外の演劇や、オペラもよく見るんです。美術館の学芸員の資格も持っています。でも、そんなのはただの趣味だから、仕事にはなりませんよね」

などと話されていましたが、「仕事になるかどうかはひとまず置いておいて、好きなことを書いてみてください」と、ワークシートに書き込んでもらったのです。

すると、ディスカッションのときに、その方に質問が集中したんですね。

「美術館って行ってみたいけど、どういう予備知識がいるんですか？」

「初心者が最初に見るべきオペラは何ですか？」

などなど、ものすごく盛り上がりました。そこから、

「『初心者のためのオペラ講座』とか『美術館の楽しみ方』なんていうワークショップやセミナーがあったら、お金払ってでも出てみたいわ」

という意見も出てきて、ご本人が一番びっくりされていたのです。

自分にとってはただの趣味だったり、当たり前だったりすることが、他人からすると「お金を払ってでも聞きたいこと」だということがあるのです。

私は、娘が幼稚園に通っていた頃、ママ友達に「アフィリエイトのやり方を教えてほし

い」と言われたことがきっかけで、自宅で数人のママ友達にアフィリエイトのやり方を無料で教えていました。

すると、アフィリエイトで収入が出始めた1人のママ友達が、

「子どもが小さくて外に働きに出られないママたちに、アフィリエイトのことを教えてあげれば、ビジネスになると思う」

と言ってくれました。そこから現在の彩塾のアイデアが生まれたのです。

私はネットやパソコンが大好きだったので、ただ楽しく教えていただけなのですが、実はこれが、世の中のニーズに合うことだったのです。

魚が、「自分が水の中で上手に泳いでいることに気づかない」のと同じで、他人の目から見られることで、自分自身の特質や強みに初めて気づくものなのです。

## 起業のタネを蒔く作業

さて、いまやっていることは、起業のためのネタ探しですが、まだ起業する分野は決め

ないでください。

棚卸しをしたり、ワークシートを他人に見てもらったりすることで、皆さんの中にはたくさんの「起業のタネ」が埋もれていることに気がついたと思います。

でも、そのタネのすべてが花開くわけではありません。また、タネを蒔いてみないことには、どんな花が咲くかもわかりません。

いまは、自分の中にどんなタネが埋もれていたのか、気づくだけでいいのです。そのタネの中に、1つか2つ、本当にあなたに合ったものがあります。

本当に自分が好きで、ワクワクしながら続けていけるものが何なのか。それを確かめるためにも、起業のタネを蒔いてみましょう。

とても簡単で、しかもお金はかかりませんので、楽しみながら、気軽にやってもらえたらと思います。

先ほど、自分の体験や知識を棚卸ししたワークシートを作成し、他人の目にも触れてもらいました。

そのなかで、あなたの起業のタネはいくつありましたか？

1つ？　2つ？　3つ？　それとももっと多かったですか？　タネはいくつあってもかまいません。

それぞれのタネをテーマに、1テーマで1つ、新規でブログを作ります。

たとえば、見つかった起業のタネが、

①子育て
②アロママッサージ
③英語の勉強法

だとしたら、それぞれをテーマにブログを3つ開設してみるのです。

この段階では、無料で使えるブログサービスで十分です。

このブログにはアフィリエイトリンクなどは貼らないので、自分が好きなブログサービスを使ってかまいません。

それぞれのブログで異なるブログサービスを使ってみて、使い勝手を比較するのもいいでしょう。

大事なことは、1つのブログにいろいろなテーマで記事を書くのではなく、1つのテーマで1つのブログを新規に立ち上げるということです。

そしてブログを開設したら、30日間、「1日に1つのブログだけ更新する」ということを続けてみてください。

3つブログを開設したとしても、1日に更新するのは1つのブログだけです。

「昨日は英語のブログを書いたから、今日はアロマかな」

などと、更新する順番を頭で考えるのではなく、その日に「気が向いたブログ」だけを更新してください。

ブログを更新する際は、「日記」では

あとは、その日気が向いた**1つのブログ**に毎日記事を書く

**その日の気分で、書きたいブログに書きたい記事を書く**
**内容は、「情報発信」をこころがけて。**

なく、あくまでもテーマに沿った内容で読者に「情報発信」するという意識をもって臨んでほしいと思います。自分が知っていること、学んだことなどをまだ知らない人に教えてあげる、という視点で書くと書きやすいでしょう。

まずは30日間、「1日に1つのブログだけを更新する」ことを続けてみてください。

## ブログはタイトルが命

ブログは、タイトルが命です。

まだいまは起業のタネを探している段階ですが、せっかくブログを開設するのですから、それぞれに読者の興味をひきそうなブログタイトルをつけてみましょう。

たとえば、こんな感じで、タイトルを考えてみてください。

(例) テーマが「子育て」の場合

・おこりんぼママからにっこりママになる秘訣

・算数が好きな子に育てる毎日の習慣
・パパをイクメンにする方法

(例)テーマが「アロママッサージ」の場合
・アロマオイルで癒しの毎日を！
・もう薬に頼らない！　アロマの意外な効用
・アロマで起業！　準備日記

(例)テーマが「英語の勉強法」の場合
・毎日1分英字新聞を読んでみよう
・好きな洋画のセリフを取り上げるブログ
・ママ、これ英語でなんていうの？

いかがでしょうか？
ただ「英語の勉強法」というタイトルのブログよりも、よほど読者の興味を引くタイトルなのではないかと思います。

彩塾でのワークショップでも、ブログタイトルを決めるときは一番みんなが盛り上がるところでもあります。

今はまだ、お客様を集めて何かを売るという段階でもありませんし、ブログタイトルは後からいくらでも自由に変えられます。

練習のつもりで、気軽に楽しんで、面白いタイトルを考えてみてください。

## ブログを30日間続けてみると……

さて、「1日に1つのブログだけを更新する」ことを30日間続けてみると、各ブログの記事数や更新頻度に差が出てきます。

3つのブログがあったとすると、記事数は、それぞれ「10・10・10」というふうに均等に更新はできなかったと思います。「6・22・2」というように、偏りが出て当然です。

全然記事が書けなかったブログもあるかもしれません。好きだと思っていたけど、いざ自分で情報発信しようとすると、なかなかできないテーマだったり……。
どのブログが、いちばん記事更新されましたか？
足が遠のいてしまったブログがありましたか？
まだまだ記事が書けそうな、ワクワクするブログはありましたか？

1カ月経って、各ブログを眺めてみてください。いちばん記事を更新できた、ワクワクするブログ1つだけを残して、あとは放置します。

放置ブログは更新をやめるだけで結構です。あえてブログを削除する必要はありません。のちのち検索エンジン対策などに活用することができますので、そのままアカウントは残しておきましょう。

くわしくは、アクセスアップの項目でご説明します。
そして、1つのワクワクブログについて、そのまま毎日更新を続けてみましょう。
このブログが、あなたの起業のタネとなります。

## ワクワクブログを更新する

見つかった起業のタネに、水をやって育てていく段階に入りました。

自分が知っていることや興味をもっているテーマで、世の中の役に立ちそうなことを、どんどん情報発信していきます。

この時期は、ブログをできるだけ毎日更新していきましょう。まさに、植物のタネに毎日水をやって育てていくイメージです。

ブログを書くコツは、まずは大まかなカテゴリーを決め、そのカテゴリーの中味を充実させていくイメージで記事を書いていくといいでしょう。

たとえば子育てをテーマにした、「おこり

んぼママからにっこりママになる秘訣」というタイトルのブログを更新していくとします。

メインテーマはもう決まっていますから、その下に、サブテーマをいくつか設置して、カテゴリー分類をするのです。

たとえば、

「子どもをほめる言葉」「勉強させるには」「ストレス発散術」「ダンナの操縦法」「ママ友との付き合い方」「スピードレシピ」「私について」「友人紹介」

等々……、いろいろ考えられますね。

ここでも、「相手想い」、つまり「読者想い」のスタンスで、読者の知りたそうな内容を発信することを心がけましょう。決して自分の思いを綴るだけの日記に終わらないように注意してください。

ブログのタイトル同様、読みたくなるような記事タイトルも重要です。

起業したときの、商品やサービスにつけるキャッチコピーの練習にもなりますので、毎回自由な発想でタイトルを考えながら、テーマに沿った内容でブログを更新していきます。

## あの手この手でアクセスアップ！

さて、せっかくブログを毎日更新するのですから、並行してアクセスアップにも取り組んでみましょう。

ブログのアクセスを増やすために、できそうなことをすべてやってみてください。今の段階でできる努力としては、次のようなことがあります。

・コメントまわりをしてみる

自分が料理のブログをやっていたら、同じような料理のブログをまわってみて、「ブログを拝見しました。○○の記事、面白いですね。私もこんなブログやっています。また遊びに来ます」といった感じで、気軽にコメントをしてまわります。そのブログの読者は料理に関心があるはずなので、コメント欄を見て、あなたのブログにアクセスしてくれる可能性があります。

・読者登録をしてみる

読者登録ができるサービスがあるブログなら、相手のブログを読者登録しましょう。コメントまわりのついででもいいので、「あなたのブログ、いつも楽しみに読んでいます」という感じで読者登録すると、半分ぐらいの確率で相手の方も「ありがとうございます。私もあなたのブログ読んでみます」と、こちらのブログを読者登録してくれるものです。コメントまわりや読者登録というのは、いわば営業にまわるようなイメージです。ただ待っているのではなく、自分からアクションを起こしてみてください。

・更新頻度《ひんど》を上げてみる

更新頻度を上げると、それだけたくさん読まれます。ページビューが上がりますので、検索結果も上位に来やすくなります。3日に1回よりも毎日、1日1回よりも1日2回と、更新頻度を上げる努力をしてみてください。

・記事のタイトルを工夫する

ブログのタイトルを工夫したように、１本１本の記事タイトルにも、読者の興味を引くような工夫を凝らしてください。固有名詞（商品名など）や数字など、具体的なワードをタイトルに入れるのもひとつの手です。

・更新時間を変えてみる

ブログは、アップする時間によって、アクセス数が変わります。朝の通勤時間に電車の中で読むビジネスパーソンもいれば、子どもを幼稚園や学校に送り出してから午前中に読む主婦、会社のお昼休みに読む人もいれば、寝る前に読むという人もいます。読んでほしい読者がいちばん読みやすい時間帯を考えてブログを更新してください。ときどき更新時間を変えてみたりして、読者の反応がいちばん多い時間を調べてみましょう。

・他のブログと相互リンクしてみる

他のブログと相互リンクすると、サイドバーにお互いのブログが載ります。興味がある人は、相手のブログ経由でこちらのブログをクリックしてくれるようになります。

・ブログランキングに参加してみる

料理のブログなら、料理のカテゴリーのブログランキングに参加してみましょう。また、そこで自分より上位の人のブログには、前述のコメントまわりなどをして、「営業」をかけてみてください。

・メールの署名にブログのＵＲＬを入れる

メールの署名にブログのＵＲＬを入れましょう。また、もし名刺をすでに作っているならそこにもブログのＵＲＬを入れます。すでにメールのやりとりをしている人にも、新しく出会った人にも、積極的にブログをアピールしてください。

このように、思いつくことをすべて試して、ブログへのアクセスを増やしてみてください。自分が起業したとき、集客するうえでのいいトレーニングになります。

## お客さんが誰なのかを決めよう〈ターゲット設定〉

「読者想い」でブログを更新しようとしても、実はなかなか難しいことです。漠然と「読者のためになる情報」と考えても、なかなか思い浮かぶものではありません。

そこで、「このブログは誰に読んでほしいのか」という、ターゲットを明確に決めましょう。

私はセミナーでもよく「〝ペルソナ〟を決めましょう」と呼びかけています。「ペルソナ」とはもともと「仮面」という意味ですが、要するに、ブログを読んでほしいターゲットを、可能な限り細かくイメージすることです。

言い換えれば、起業をしたときの「理想のお客様像」です。そのイメージを明確にすることで、読者の欲求や悩みが明確になり、「誰に何を売るのか」が絞りやすくなります。

「3年前の自分に読ませたい」という方も多くいらっしゃいます。そんなイメージの仕方でもかまいません。

参考までに、彩塾の「ペルソナ」はどんなイメージか、記してみます。

ターゲットは、お子さんが2人いる、35歳の専業主婦の方です。お子さんは、上が小学校低学年、下が幼稚園です。ダンナさんは普通のサラリーマンで、都心から1時間程度のちょっと郊外に一戸建てのマイホームを購入して暮らしている、4人家族です。

専業主婦の奥様は、四年制大学を出て商社に勤めていて、結婚するまではそれなりにがんばって勉強も仕事もやってきました。英語もパソコンもある程度はできる。1人目の出産を機に仕事を辞めて家庭に入り、専業主婦として、家事や子育てに追われながらも、それなりに楽しくやってきました。

下の子どもが幼稚園に入り、少しだけ時間の余裕もできてきた。ふと、「私、このままでいいのかな?」と思い、何か仕事をしてみようかと考え始めている。子どもの教育費や、家のローンなど、これからたくさんお金がかかるので、少しでも家計を楽にしたい。でもいまさら、時給800円でスーパーのレジ打ちをするなんて、気が進まない。それよりも、自分が仕事で得てきた英語のスキルとか、パソコンの技術などを生かして、何か仕事ができないか……。

そう思って、子どもが寝た後にネットサーフィンをして、私が主宰する彩塾の存在を知った――。

これが、私がブログを書くときのターゲットの「ペルソナ」であり、「理想のお客様」です。

そのくらい細かくイメージを定めます。言い換えれば、イメージを狭めるのです。たった一人の「理想のお客様」に深く突き刺さればいい、という思いでブログを書いています。すると、「私のことかも」と共感してくれて、毎日ブログを読んでくれる読者がどんどん現れます。

不思議なことに、たった一人に深く突き刺さる内容というのは、実はその周りの人たちにも刺さっているのです。現に、ターゲットを主婦にしている彩塾にも、サラリーマンやシニアの方が入塾してくることがよくあります。

誰にどんな情報を発信するのか、ということに敏感になるためにも、次のワークシートを埋めてみながら、「理想のお客様像」をイメージしてみましょう。

## あなたのブログは、誰に読んでほしいですか？

性別は？

家族構成は？

どこに住んでいる？

どんな休日の過ごし方をしている？

どんな雑誌を読んでいる？

何を求めてブログにたどり着いた？

年齢は？

仕事はしている？

趣味は？

ターゲットが決まったら、その相手に毎日お手紙を書くような思いで、ブログを更新し続けてください。

## 〝選ばれる〟肩書きを自分につけよう

理想のお客様像ができたところで、次に必要なのが、自分の「肩書き」です。

なぜ肩書きが大事かというと、情報を得るときに、それがどこから発信されているのか、誰もが気になるからです。

その情報を発信している人の背景や経歴、普段していることなどを一言で表すのが「肩書き」です。これは会社の役職とは違いますので、自分で好きな肩書きをつけてＯＫです。

アメーバブログなどを見ていると、実にいろいろな肩書きの方が出てきますので、他の人の肩書きを参考に、自分が発信している情報に沿った言葉で、自分に肩書きをつけてみましょう。

【肩書きの例】

・かたつむり式起業のＭＯＭＯ（私のことです）
・プロフィール作成ライター
・好きな事をビジネスにする伝道師
・月に1万円から始める海外投資アドバイザー
・女の子のための雑貨屋開業講師
・足裏から運を開くかおりん先生
・女性のライフワークナビゲーター
・健康セルフプロデューサー
・ホームステイにこだわる留学アドバイザー
・アラフォー女性のためのモテ婚活ナビゲーター
・ワーキングマザー御用達整理収納士

等々、少しネットをリサーチするだけでも、見ているだけで楽しくなる肩書きがたくさん出てきました。

こんな感じで、自由に自分の肩書きを考えてみてください。

大事なことは、ここでも「誰に向けてアピールする肩書きなのか」ということを意識して、肩書きを考えることです。「アラフォー女性のためのモテ婚活ナビゲーター」なんて、ターゲットが明確で、一度見たら忘れられないぐらいのインパクトがあります。


ちなみに私は起業前、どうしても名刺に肩書きを入れたかった時期がありました。

当時、レーシックのアフィリエイトサイトを作っていたことから、「レーシックアドバイザー」という肩書きを名乗っていました。

もちろんそんな資格など存在しませんが、レーシックのサイトを作る過程で多くのことを学んだので、レーシックについてなら、たいていの質問に答えることができたのです。

実際、友人の相談にも数多くのっていました。そこで「レーシックアドバイザー」という肩書きを勝手に名乗っていました。別に誰からも怒られませんでしたよ（笑）。

肩書きは、自分の成長や変化に合わせて自由に変えることができるので、気軽に名乗ってみてください。

肩書きを決めたら、ブログのニックネームもその名前にしてしまいましょう。

## 〝選ばれる〟プロフィールを書こう

肩書きを決めたら、次はプロフィールの作成です。

ブログには、プロフィールを書く欄があります。多くの人は単なる自分の経歴や紹介だけを書きますが、このプロフィール欄は読者に対する大きなアピールポイントです。

私の会社は、彩塾のような塾運営以外に、個人や小さな会社のウェブ集客支援（ホームページ制作など）を行っています。

小さな会社のため、プロジェクトごとにカメラマンさんやライターさん、プログラマーさんやデザイナーさんなど、フリーランスの方に外注で仕事を依頼するケースが多くあります。

知り合いなどに紹介してもらうことも多いのですが、つてがない場合は、ネットで検索して探すこともあります。

そのときに、外注さんがブログやサイトを持っている場合、私は必ずプロフィール欄で実績や理念などを確認しています。

つまり、「どんな人なのか？」を、仕事を依頼する前に調べるのです。

プロフィール欄がない人や、ごく簡単な経歴しか書かれていない人には、仕事の依頼をすることは少ないです。

なぜなら、仕事を依頼するということは、仕事を通して、その「人」とつながるということです。信頼できる人でなければ、お金を払って仕事を頼むことはできません。

みなさんが起業したときに、まず見られるのが、プロフィール欄だと思ってください。

お客様は、商品やサービス内容を確認した後に、代表者のプロフィールを見ることが多いです。

ここに書くべきことは、「あなたの生まれてからの歴史」ではありません。

「あなたが価値を提供できる人である」という裏付けを、プロフィールに書かれた実績や経歴、そしてあなたの思いや人柄から、伝えてほしいのです。

人は、スペック（性能）よりも、ストーリー（物語）に心を動かされます。

プロフィールにも、あなたのストーリーが盛り込まれているとなおいいですね。

この場合のストーリーは、「なぜ、あなたがその仕事をしているのか？」という理由付けです。

ひとつのパターンとしては、

現在「していること」↓過去「今につながるきっかけ」↓未来「これからしたいこと」

この順番に書くと、自然とストーリー仕立てのプロフィールになります。

ここでは、「理想のお客様」の心に響くことだけを意識して書き、余計なことは省くのがコツです。

例として、私のプロフィールから考えてみましょう。

先に申し上げたように、30代で子育て中のママが「ペルソナ」である私のプロフィールです。

（現在）

私は、主婦をしながら、女性のためのネットスキルの塾を運営しています。

現在、子育て中のママを中心とした世界中の５００名以上の受講生に、起業に使える実践的なネットスキルを教えています。


（過去）

なぜこの塾を始めたかというと、自分が産後うつになった経験から、お母さんたちがやりがいや仲間、収入を得るためのコミュニティを作りたい、という想いがあったからです。


（未来）

子育てをしながら、好きなことで起業する女性を増やすことが私の夢です。なぜなら、お母さんたちが今まで以上に笑顔になることで、日本中の家族を幸せにすることができると思うからです。


現在↓過去↓未来の順においていくと、こんな形のストーリーが描けます。

たとえば私は、２級建築士の資格を持っていますが、それは、ペルソナには関係のないことなので触れていません。出身が北海道であることや、出身学校などについても、ペルソナには必要がない情報なので、あえて省いています。

ですが、私自身が子育て中であることや、彩塾の受講生の数などはペルソナにとって興味のあること（安心材料であり、信頼できる裏付けとなる）なので、プロフィールにしっかり入れていきます。

仕事のためのプロフィールは、ぜひ「相手想い」で書いてください。

「相手＝ペルソナ」です。相手が知りたいこと、安心できること、共感できることをさりげなくプロフィールに盛り込むことで、あなたのお客様になってくれる確率がぐんと上がります。

## お客様の声を聞いてみる

ブログのアクセスも増え、読者からの反応（コメントなど）がくるようになったら、あなたが提供できるものを商品やサービスの形にして、読者に無料でモニターになってもらいましょう。

・無料カウンセリングを募集してみる
・試しに商品を使ってもらう
・施術の出張サービスを行ってみる
・コンサルティングのモニターをしてもらう
・セミナーを開催する
・マニュアルを作成して配布し、意見をもらう

いま自分ができる形でかまいません。無料だとハードルも低く、抵抗なくスタートできますから、自分自身が起業の練習をするという意味合いもあります。

無料モニターになっていただいた方には、必ずアンケートを実施し、率直なフィードバック（感想）をもらうようにします。

この感想をもとに有料レベルの商品やサービスへとブラッシュアップしていくのです。

また、いただいた感想は、ご本人の了解を得たうえで、「お客様の声」としてブログに

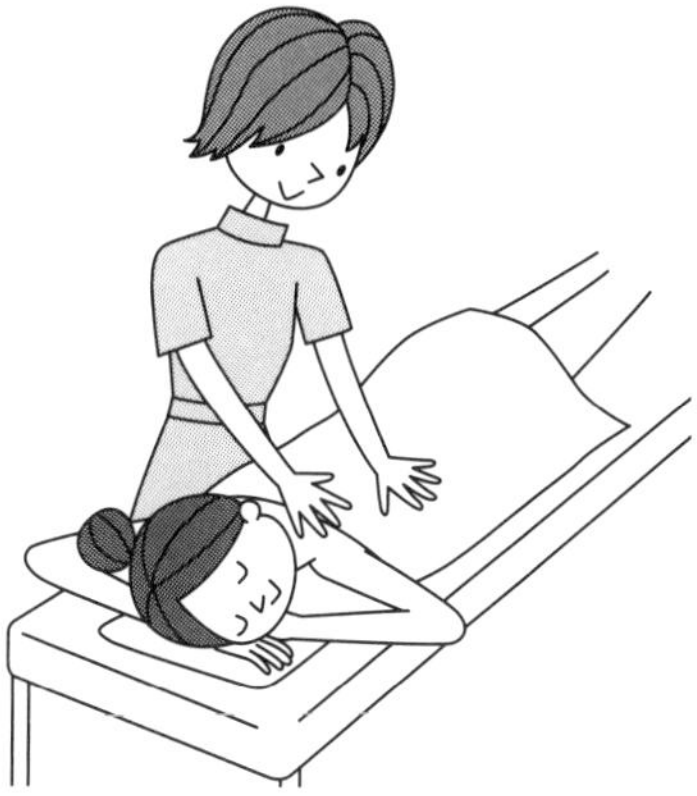

掲載させてもらうといいでしょう。戦略的に「お客様の声」を集めて、商品の信頼性を発信していくことも、大事な集客ノウハウです。

そして、モニターの方には、「このサービスを有料で受けるとしたら、いくらが適正価格だと思いますか？」と、値段付けの参考となる意見を必ずもらうようにしてください。

自分で商品の値段を決めようとすると、どうしても安く見積《みつ》もってしまいがちです。モニターの方々の率直な意見を聞きながら、有料サービスメニューをつくっていきましょう。

私が初めて作ったヤフカテ（ヤフーカテゴリ）の情報を商品（情報商材）として売るときも、値付けに非常に迷いました。自分がアフィリエイトをしていて得たノウハウを、ワードで130ページほどの文書にして、PDF化してネットで販売しようとしたのですが、いくらにしてよいかわからなかったのです。

当時、情報商材は1万円前後の価格のものが多かったのですが、はたして私の作った商材が1万円もの価値があるのか？　不安があったのです。本屋さんに行けば、1000円～2000円ぐらいで、いろいろな本がありますから。

そこで、20名ほどの方に無料でモニターになっていただき、感想をもらうのと同時に、適正価格を聞いてみました。

すると、自分では１万円以下だろうと思っていた商材なのですが、１万２０００円～１万５０００円が適正だという声が多く、なかには３万円が適正という声もありました。

結果として、１万２８００円という価格で販売を開始したという経緯があります（のちに値上げして、現在は１万４８００円になっています）。

実際、その情報商材は１年間で１０００本以上販売することができました。日本中のほとんどの人には必要ないけど、０・００１％の１０００人には、１万円以上出してもほしい情報だったのです。それを確信して売り出すことができたのも、無料モニターさんの意見が大きな力となりました。

## 有料メニューをブログに掲載してみる

無料モニターさんからの意見を10～20名ほどもらったら、その意見を参考にして、有料の商品やサービスの提供を開始しましょう。

少数とはいえ、すでにファンがいる状態ですし、お客様の声も集まっているので、広告費などのお金をかけなくても、ある程度の集客はできるはずです。

なぜなら、無料モニターさんからの「お客様の声」をブログに載せると、それを見た読者から「もう無料モニターは終わっちゃったんですか？　私もやりたいです」という声が、必ずといっていいほど来ます。

そうした人に、次の受け皿として有料メニューを案内できなければ、せっかくの見込み客が、本当のお客様になるチャンスを逃してしまいます。

この段階では、実績づくりが大事なので、少し安い値段設定でもかまいません。

「先着50人限定で、オール1000円！」

とかでもかまわないのです。

もちろん、他に競争する人がいない状態で、有料でもいけるという確信がもてれば、はじめから高めの値段設定にしてもいいでしょう。

ただし、アメブロでは2012年の規約改正で、ブログ内での営業行為は禁止されています。そのため、アメブロでブログをやっている場合は、独自に有料メニューのホームページを作り、そのページをブログからリンクする必要があります。「ブログ内で営業行為をしている」と見なされないための一手間が必要となりますので、ご注意ください。

さて、有料メニューに1つでも注文の申し込みがきたなら……

おめでとうございます！

あなたは、もう起業の第一歩を踏み出しました。

どんなことであれ、お金をいただいて商品やサービスを提供するということは、他人から見たら「プロ」です。

責任も生じますし、満足できないお客様からはクレームがくることもあるかもしれません。

すべて、自分が一人前の起業家になるために必要な経験だと思って、取り組んでみてください。

「子どもがいるから」「家事が忙しいから」といった言い訳は、通用しなくなります。

自分がお金を払って、商品を買ったりサービスを受けたりするときのことを考えたら、わかりますよね。

まずは、ごく少数のお客様に有料メニューを申し込んでいただく、「プチ起業」の段階まで来ました。

ここから徐々に、あなたのファンを増やして、さらに認知を広めて、集客をしていきましょう。

次章では、ネットを通じて無理なく集客をしていく方法を説明していきます。

# 第5章　1日30分のパソコン作業でお客様が集まる！

## 情報発信はブログとソーシャルメディアの2本立てで

この章では、主婦が家にいながら、インターネットを使ってどうやって集客をすればよいかについて説明していきます。

ひと昔前の宣伝ツールは、新聞や雑誌、テレビなどの広告、そしてチラシなどの有料広告が中心でした。

現在は、いかにも広告といったものは避けられる傾向にあります。テレビCMもどんどんスキップされてしまう時代です。

商品も情報も豊富にある今、消費者の購買《こうばい》行動も変わってきています。広告を受け身で見てものを買うよりは、ほしいものを自分から能動的に探しに行き、自ら選びたいという傾向が強まっています。

何かを購入しようとしたときに、企業が出している広告ではなく、他の人の口コミや、ユーザーからの評判や感想を参考にする人が増えているのです。私も、本を買うときには、アマゾン、家電を買うときはカカクコムのレビューを必ずチェックします。そして、ネットで情報を得たいと思う人が使うツールが、検索と、ソーシャルメディアです。

ソーシャルメディアは、ユーザー同士が情報を交換し合えるメディアのことで、現在ではツイッターやフェイスブック、Google＋、YouTubeをはじめとするたくさんのメディアがあります。

誰でも自分のアカウントを作った後は、文章、画像、動画など、自由に発信することができます。ソーシャルメディアは、見た人もそれについてコメントしたりできる、相互方向的なメディアです。

従来のホームページは、一方的に情報を伝えるものでした。そこに読者が参加する余地はほとんどなく、管理者に都合のいい声だけが掲載される、といったものでした。

ところがここ数年、ユーザーが自由に情報を発信したり、感想を書き込んだり、他のユーザーと交流することができる、ソーシャルメディアの利用者が爆発的に増えています。

ホームページやブログだけでは、情報を発信することはできても、お客様と交流することはできません。起業を考える際には、ホームページやブログのほかに、ソーシャルメディアをぜひ活用してください。

ソーシャルメディアの中でも一般的なのが、ツイッターとフェイスブックです。まずは、この2つをはじめてみるとよいでしょう。

ツイッターは、140字という文字数の制限が、かえって気軽さを呼び、2009年頃から日本でも爆発的に広がりました。携帯やスマートフォンからでも気軽に更新できるので、リアルタイムに、早く情報を伝えることができます。

反面、140字という制限があるので、たくさんの情報を伝えたり、深く伝える、ということには適していません。

ツイッターで広く発信して、そこから、ブログやフェイスブックなどに誘導する、という流れになります。

一方、フェイスブックは、世界中で多くのユーザーに使われているソーシャルメディアです。実名制で、「友だち申請」した人だけと交流できるという信頼感があります。

逆に言えば、仲のいい人とはとことん接触できるのですが、新しいユーザーと接触する仕組みはありません。
ツイッターは「広く浅く」。
フェイスブックは「狭く深く」。
このメディア特性を覚えておきましょう。

いずれにしても、ソーシャルメディアは、時間とともに流れていく「フロー」（流動的）なメディアです。

いっぽう、ブログは、「ストック」（蓄積《ちくせき》）もできる情報発信メディアです。検索をしたときにもブログの記事は引っかかってきます。そのため、ソーシャルメディアとブログの両方を活用することが望ましいのです。

これまで述べてきたように、情報発信は、まずはブログが始めやすいでしょう。

しかし、ブログは、読者に自分から見に来てもらわないと、相手に届かないメディアです。ソーシャルメディアは、一度つながると、相手のウォール（ページ）に自分の投稿記事が表示されるので、自分の発信した情報を相手に届けるためには、ソーシャルメディアが力を発揮します。

ブログと、ソーシャルメディア（ツイッター、フェイスブック）の２本立てで情報発信を行っていくのが、集客にはたいへん有効です。

「ストック」型のソーシャルメディアとしては、YouTubeも有効に活用してください。スマホなどで1～2分程度の短い動画を撮り、タイトルをつけてYouTubeにアップすることで、検索されやすくなります。

ソーシャルメディアの使い方については、後の項目でも説明していきます。

## わずか3秒で興味をもたせるブログの見せ方〈ヘッダー画像は大事！〉

人がウェブページに訪れたとき、そのページを読むか否かを決める時間は3秒程度です。パッと見たときに、「このブログ読んでみようかな」と思わせるような見た目にしなければ、いくら記事の中身でいいことを書いていても、見てくれないのです。

スクロールをしないで画面に見える範囲を「ファーストビュー」といいますが、そのファーストビューがわかりにくいと、読者はすぐに他のページへ移動してしまいます。

そのためには、ファーストビューにインパクトのある画像が必要になってきます。

ブログであれば、ヘッダー画像は自由に編集が可能です。

いわば会社の看板となる部分ですから、そこに自分自身の写真であったり、仕事を象徴する写真やイラスト、魅力的なブログタイトルやインパクトのあるキャッチコピーなどを入れて、

「あっ、このブログちょっと読んでみよう」

と思ってもらうことが大事です。

例えば、パン教室を開催しているならパンをつくっている様子の写真やイラスト、ファッション関係なら洋服の写真など、扱っている商品やサービスが一目でわかる画像を、ヘッダー画像にもってくるのです。

ファーストビューで見える文章は、グッと読者の心をつかむキャッチコピーを提示してください。短ければ短いほどいいと思います。

そして、あなた自身の顔も大事な要素です。

顔写真を不特定多数に晒《さら》すということに、抵抗がある方もいるでしょう。女性ならなおのこと慎重になるのは当然です。

しかし、人間の顔というのは多くのメッセージを伝えます。写真を見て「この人がやってくれるんだ」と思うことで、安心感や信頼感が増すのです。ザイオンス効果といって、顔写真を目にする頻度が高いと、実際に好感度が増すという心理学の実験結果もあります(アメリカの心理学者ザイオンスが実験したことからこの名前がつきました)。

勇気を出して、顔写真をアップすることをおススメします。

なお、どうせ写真をアップするなら、スナップ写真ではなくプロが撮影したものが望ましいです。最近は写真スタジオなどで、メイクして撮影した写真をデジタルデータで渡してくれます。だいたい2万~3万円でやってくれますので、プロに頼むのがよいと思います。

ヘッダー画像のカスタマイズは、将来的にはフォトショップなどのソフトを使って、写真に文字を載せたりぼかしを入れたり等の画像処理をするとなお効果的です。ですが始めたばかりなら、Windowsのパソコンに標準で入っている「ペイント」のソフトで、デジカメで撮った写真をトリミングして貼り付けるだけでもかまいません。

どのブログサービスでも、ヘッダーの画像は自由に差し替えができますので、そこだけは編集をしてみてください。もし余裕があれば、有料ですが業者さんにブログのカスタマイズをお願いするのもいいでしょう。

http://ameblo.jp/leaflake/

ブログの印象がガラッと変わります。

いい例として、私の友人のブログのヘッダー画像を紹介します。

マインドブロックバスターの栗山葉湖さんのブログです。

「3分で1個解除！　マインドブロックバスター栗山葉湖」

とヘッダーにあるとおり、栗山さんは手を触るだけで、3分に1個、心のブロックを解除するというカウンセリングを行っているのです。ご本人は、メガネをかけた丸顔の愛嬌のある女性なのですが、このイラストで雰囲気が伝わってきますよね。

ヘッダー画像で「おっ!」と思った人には、すぐ下に「最新情報」「スケジュール」「メニュー・料金」「お客様の声」「お問合せ・お申込み」とメニューが表示されており、迷わずに次のアクション(=申し込み)に進むことができます。実際、「日本マインドブロックバスター協会」というホームページもあるのですが、栗山さんは「仕事のほとんどはブログ経由でくる」とおっしゃっていました。

起業したての方は、わざわざホームページを作らなくても、ブログとソーシャルメディアの2本立てで十分です。結局、集客につながるのはこの2つですから、まずはブログを充実させて更新を重ねていくことです。

それだけブログには力があるので、記事を読んでもらうためにも、ヘッダー画像にはこだわってほしいのです。

## ブログ記事を整理整頓せよ
## 〈記事のカテゴライズ〉

ブログのトップページでは、通常、最新の3～5本の記事しか読めません。過去の記事も読んでもらうためには、適切なカテゴリー分けをしておくことが大事です。何よりも、読者に対して親切です。

たとえ一つ一つの記事にいいことが書いてあったとしても、すべてが並列的に羅列《られつ》されているだけでは、読者はどこから読んでいいのか迷ってしまいます。そして、迷った瞬間に他のページに移動してしまうのです。

まずは大きなカテゴリーに分けて、その下に小さなカテゴリーを配置していくことで、読者が迷わずにほしい情報へとアクセスできるようにしましょう。書籍の目次のようなイメージで考えるといいかもしれません。

大きなカテゴリーとして、次の3点を意識してください。

①【情報発信】自分の専門分野の情報発信です。ブログの肝になります。
②【ビジネス】自分のビジネスについての告知です。集客のためにも欠かせません。
③【プライベート】個人的なことや友人の紹介です。本人の人柄を伝える大事な要素です。

この3つのカテゴリーを、ローテーションを決めて偏らないように更新していくと、全体のバランスがとれます。

専門的な情報発信で有益なブログとなり、ビジネス記事で自分の商売にも誘導でき、プライベート記事で個人にも興味を持ってもらえます。

ビジネスの告知が多すぎるブログだと「売り込みばかりで中身がないな」と敬遠されてしまいますし、プライベートの事柄ばかりでも集客にはつながりません。

また、ブログのトップページはだいたい最新3~5本の記事が表示されるので、3つのカテゴリーをローテーションで書いていれば、トップページにもバランスよく記事が並ぶのです。

そして、この3つのカテゴリーの中にさらに細かい小カテゴリーを作ると、過去記事も探しやすくなります。

小カテゴリーの例として、私のブログから拾ってみました。

■ネットスキル
└アフィリエイト
└SEO対策
└情報商材
└マーケティング
└ソーシャルメディア

■プライベート
└今日の出来事
└海外旅行
└読んだ本
└音楽
└映画
└素敵な友人紹介

このように細分化していくと、たとえば映画が好きな人が、私が過去に書いた映画の記事を見つけて、そこにコメントしてくれたりと、興味のある過去記事にアクセスしやすくなるのです。

カテゴリーは、できるだけ細かくすることと、「大↓小」の2段階のカテゴライズがおすすめです。ただし、多くのブログは2段階のカテゴリー分けができませんので、冒頭に■や」などの記号を入力して見やすくするとよいでしょう。

## ブログ記事の投稿で押さえておきたい4つのポイント〈専門的な情報発信／商品(サービス)の紹介／自己開示／人の紹介〉

前項目で、ブログの記事を大きく3つにカテゴライズしました。

実際に記事を執筆する際には、4つの角度から書いてください。

先の3つの項目とも関連しますが、次の4点です。

①専門的な情報発信
②商品（サービス）の紹介

③自己開示
④人の紹介

①専門的な情報発信は、人の役に立ち、ファンになってもらうために必要です。この分野の専門家、プロであると認識してもらうためにも、自分の専門分野にからめた情報発信を継続して行う必要があります。

②商品（サービス）の紹介は、お客様の声や、よくある質問、自分の商品・サービスへの思い、仕事風景などを掲載して、自分のビジネスへ誘導します。別の記事や、商品を販売するホームページへのリンクを載せるなど、出口も用意しておきます。

③自己開示は、その人の人柄や人間性を知ってもらう、共感を得る、親しみを持ってもらう、安心を与える、ファンになってもらうなどのメリットがあります。

具体的には、自分が考えていること、読んだ本の感想、社会的な出来事やニュースについて考えたことを自分の言葉で書く、過去の体験談（失敗なども含め）などです。「なぜ自分がこの仕事を始めたのか」などの記事も、理解と共感を呼ぶので、折々に綴っていくとよいでしょう。

そして最後に、④人の紹介です。「プライベート」というカテゴリーを、あえて「自己開示」と「人の紹介」に分けたのには理由があります。ブログで他人を紹介することは、非常に大事なことだからです。

人を応援することで、相手に喜んでもらい、結果として自分も応援してもらえることになるのです。ビジネスをしている友人・知人のメリットとなるような紹介の仕方を心がけて記事を書いていきましょう。

私のブログでも、人の紹介記事をとにかく多く書いています。本の著者が友人にたくさんいるので、会ったときに本とその人とのツーショットを撮影しておき、キャンペーンをやっているときや新刊の発売時期など、本人がアピールしたい時期に紹介記事を書くと喜ばれます。

ツーショット写真がない場合は、本と自分の写真を撮影して紹介します。

「返報性《へんぽうせい》の原理」という心理学上の概念があります。人は、他人から何らかの施しを受けると、お返しをしなければならないという感情を抱くものなのです。

やっぱり、紹介してもらいっぱなしだと気持ちが悪いので、何かの折にこちらのことも紹介してくれるようになります。だからこそ、先に人のことをたくさん紹介しておくと、いざというときにたくさんの人が自分をアピールしてくれる応援団になってくれるのです。

起業したばかりで、「人を紹介すると言われても、そんなに知り合いがいないのだけど」という方もいるでしょう。

そういう場合は、読んだ本などを紹介するといいと思います。私も自分で本を出すようになって実感するのですが、著者はほぼ例外なくエゴサーチ（自分の名前で検索）をしています。そしてブログなどに書かれた著作についての評価やコメントなどをチェックしているのです。

もし、著作を高く評価する記事なら、うれしくてコメントしてくれるかもしれません（現に私はよくコメントします）。そこでコメントを返せば、直接顔を合わせなくても、ネット上でつながりをもつことができます。ソーシャルメディアなども並行して活用すれば、より関係を深めていくことができます。

起業したばかりで余裕がないかもしれませんが、ビジネスにおいて「返報性の原理」は本当に大事です。まず先に、自分が相手に価値を与えるのです。そうすれば、必ず人はあなたのところに集まってきます。だからブログでも、自分の宣伝ばかりではなく、他人の紹介も意識して行ってください。

## ファンが増える「ギフトライティング」のススメ〈読まれる記事の書き方〉

私はブログを5年以上続けてきました。フェイスブックやツイッターも、毎日1回は更新しています。

ブログの記事にしても、ソーシャルメディアへの投稿にしても、私が常に心がけていることがひとつだけあります。

「記事はギフトだ」

ということです。

ブログでもソーシャルメディアでも、読者は1分か2分かもしれませんが、貴重な時間を割いて私の記事を読んでくれています。そう考えると、ブログもソーシャルメディアも、自分だけの日記ではありません。

私は、どんな記事も、誰かへのギフトだと思って書くようにしています。

読者にとって価値のある記事でなければ、二度と読んでもらえなくなります。


誰かをちょっとだけ喜ばせたい。

誰かを少しだけ微笑ませたい。

誰かにこの情報を教えてあげたい。

がんばっている誰かを応援したい。


私はいつもそんな気持ちで書いています。記事のベクトルは、自分にではなく、常に相手を向くように心がけているつもりです。

だから、どこかへ出かけたときの記事を書く際にも、行った事実だけでなく、情報や感想をプラスして、ギフトになるように「加工」してから投稿するようにしています。

おいしい料理を食べたときには、店の名前や、値段などを記して、読者が自分でも食べに行けるような情報として提供するのです。

多くの人に見てもらいたいギフトのときもあれば、たった一人の人へのギフトのときもあります。

たとえば、知り合いが何かのキャンペーンを行っていたり、素敵な記事を投稿していたら、それをフェイスブックで「シェア」することが、その人へのギフトになるでしょう。

そのときは、必ず自分なりの一言を添えるようにしています。

「いいね！」も小さなギフトなので、自分のニュースフィードで目についた記事にはどんどん「いいね！」をします。また、ちょっとでも心が動いた記事があったら、1行でもコメントして「ギフト」します。そんな小さな「ギフト」の積み重ねが、やがて自分にも返ってくるのです。

残念なのは、時々、自分の独り言としか思えないネガティブな愚痴を、フェイスブックやツイッターに投稿する人を見たときです。

それは、誰へのギフトにもなっていません。

「あ〜今日はついてなかったなー」「疲れた」「○○にムカついた」

そんなふうに思うことは誰にでもあります。

けれども、そのネガティブな感情だけを切り取って、フェイスブックやツイッターに投稿する行為に、どんな意味があるでしょうか？

仮にネガティブな感情が生まれたとしても、

「今日は、仕事で失敗して投げだしたい気持ちになった。

でも、帰りの道端に咲いていた小さな黄色い花に癒されました。

明日もがんばろう！　と思いました」

として、小さな花の写真でもアップすれば、それは誰かへの「ギフト」に変わるのです。

人は、自分一人分の人生しか生きられません。

行ける場所も、食べられる料理の数や見られる映画の数にも限りがあります。だから、自分の体験を人に伝えることは、それだけで他の人へのギフトになります。

自分の投稿を、誰かへのギフトにする。

そう思って書いてみると、毎回の投稿がちょっとウキウキしてきますよ。

## ネット上は写真が命！　写真で共感を勝ち取る方法

ブログにおいても、ツイッターやフェイスブックでも、人はパソコンやスマホの画面で文章をじっくりとは読みません。

特にツイッターやフェイスブックなどのソーシャルメディアの特徴は、読者は「暇つぶし」に見ていることが多いという点です。

何かの情報を得ようとして能動的に情報検索しているわけではありません。空き時間にスマホでなんとなく眺めている、という使い方なのです。

そこで、パッと見たときに一目で「いいね！」ボタンを押してもらえるような投稿を心がけてください。

そのためには、やはり一目でわかる写真が大事になります。

あなたが仕事をしている風景を、写真をからめて日常的に投稿することで、「この分野のプロなんだ」という認識をしてもらえるようになります。

料理教室だったら料理を作っているところの写真や、できあがった料理の写真などです。あなたがエプロンをして、ミトンをしている笑顔の写真を、プロフィール写真やブログのヘッダー写真にして、フェイスブックやツイッターなどすべてのメディアで共通に使っていれば、「この人は、パン作りをする人」という認知がしやすくなるでしょう。

その意味でも写真は、なるべく自分が写っているものをアップするようにしてください。前にも述べましたが、ザイオンス効果によって、顔の写真を何度も見て接触頻度が高まると、読者の好感度も上がります。

お客様にどう思ってもらいたいかによって、自分自身を演出する必要があります。講師なら誠実さを表現するために、講義中の写真などを掲載したり、ママ相手のビジネスならば、親しみを得るために明るい笑顔の写真を掲載するなど、自分でイメージ作りを心がけ、そのイメージに沿った写真を投稿することを心がけてください。

ちなみにフェイスブックでは、人の写真に「いいね！」がつきやすいですが、中でも人の笑顔には「いいね！」が多くつく特徴があります。人の笑顔は、最高のギフトになるのですね。

記事を読んでもらうためには、まず写真で目を止めさせ、興味をもたせる必要があります。

自分で撮った写真のほうが、オリジナリティがあるのでおすすめです。普段からスマホなどで写真を撮りためておくといいですね。

もしブログ記事を書く時に、ちょうどいい写真がない場合は、ネット上で配布されているフリー素材を活用してもいいでしょう。

特にブログの文章が長くなる場合は、挿絵のように写真を途中に入れておくと、読んでもらいやすくなります。長い文章はネット上では敬遠されますが、写真があることで、内容をイメージしてもらいやすくなり、最後まで読ませる効果があります。

読んでもらいやすいように写真を入れるのも、「相手想い」の記事作りのポイントです。

## 仕事につながるツイッター&フェイスブック活用術

前の項目で、自分自身を演出するために写真を活用することを述べました。

ツイッターやフェイスブックでの投稿も、「自分自身をどう演出するか？」という観点を忘れないようにしてください。

たとえば、ニュースなどの記事をシェアするときも、自分の専門分野にからめて一言コメントを添えるのです。

「主婦起業の専門家という立場から見ると、この問題は〜〜だと思います」という感じです。

ランチや食べ物などの写真をただ載せる人も多いですが、載せるなら何か情報発信をしなければ、ビジネスにはつながりません。先にも言いましたが、すべての記事はギフトなので、ランチだったら食べた感想にお店の場所や値段などを添えて、読者の役に立つ情報にしてあげてください。

人と一緒に写っている写真を載せる場合は、自分のブランディングを高めるのか否かを考えて投稿するといいでしょう。

同じ分野の仲間、その道の権威、ソーシャルメディアを活用している人などと一緒に写っている写真を積極的に投稿して、タグ付けをすると、相手のウォールにも出ます。自分自身の露出も増えますし、「この道のプロ」であるというブランディングにもつながっていきます。

ソーシャルメディアに投稿する内容は、すべて「公」になるという心構えで取り組みましょう。肩肘を張る必要はありませんが、プライベート情報を無意味に垂れ流すだけでは、起業のプラスにはなりません。

たとえば、私の夫・山口拓朗はライター兼講師をしています。

フェイスブックに載せる写真は、自分が講師をしているところや、勉強会の様子、何かの本の著者と一緒に写っているものなど、やはり自分自身の仕事に直結するように心がけています。

また、「聞く力。話す力。書く力。」というタイトルで、文章の書き方について300回以上にわたって連載しています。

この投稿によって、「この人は文章のプロなんだな」という認知が広まります。また、企業などから、この投稿を見て「研修の講師をやってくれませんか」などという依頼がきて、実際に仕事を受注しているのです。

彼のフェイスブックの活用法は、私からみても非常に参考になることが多いので、皆さんものぞいてみるといいかもしれません。

※山口拓朗　フェイスブック：https://www.facebook.com/yamaguchitakuro

さて、「ツイッターとフェイスブック、どちらがいいですか？」という質問を受けることがあります。

先に述べたように、ツイッターは「広く浅く」、フェイスブックは「狭く深く」という、それぞれのメディア特性に違いがあるので、両方やるのがベストです。けれども、「両方やるのは時間的に難しいな」という場合には、主婦の方にはフェイスブックをおススメします。

ツイッターは140字しか入らず、また写真を投稿しても、短縮URLが表示されてそこをクリックしないと写真を見ることができません。フェイスブックはウォールに写真がどんどん並んでいくので、ビジュアルに訴えるフェイスブックのほうが圧倒的に見てもらえるのですね。

また、ツイッターは比較的ユーザー層が若く、10代から20代がメインです。主婦の方ですと、30代以上の方が多いかと思いますので、年代から考えてもフェイスブックの方が合っている気がします。

フェイスブックは人と連絡を取り合うときにも使えます。私も、名刺交換したときに、フェイスブックのアカウントを聞いて、フェイスブック経由でメッセージを送ることが増えています。

Eメールは、迷惑メールが多すぎて未読になるリスクがあるなど、ビジネスには使えなくなってきている、という実感があります。フェイスブックのメッセージなら、相手が読んだかどうかわかりますので、仕事でも安心して使うことができます。

いずれにしても、ブログだけではストックで止まってしまいます。フェイスブックやツイッターは、営業マンのように相手のタイムラインにぴょんと飛び込んで知らせることができますので、ブログとソーシャルメディアの2本立てでの情報発信をしていきましょう。

時間がない人は、1日1回の投稿だけでもOKです。ブログの更新とソーシャルメディアへの投稿をあわせても、1日30分の作業でできますので、毎日継続することを心がけてください。

もう少し時間が使える方は、ぜひYouTubeへの動画のアップもやってみてください。長い動画でなく、スマホで撮影した1～2分程度のもので十分です。YouTubeの動画は、グーグルで検索されたときに上位表示される可能性がとても高いので、動画のタイトルに、検索で上位表示させたいキーワードを入れることをお忘れなく。

## 主婦起業家同士の相互紹介でファンが急増⁉

私のブログ記事には、人の紹介記事が１００件以上あり、気がつくといつも誰かの紹介をしているような状態です。

誰かの紹介記事を書くと、相手からも紹介されることが多く、このような紹介や口コミから仕事につながることも少なくありません。

先日、フェイスブックで知り合った主婦起業家の友人と、ランチをしようという話になりました。

せっかくだから２人だけでなく、お互いに紹介したい主婦起業家を連れてこようと言ったら、彼女が２人、私が４人連れて来て、総勢８人でのランチ会となったのです。

みんな初対面だったにもかかわらず、主婦起業家同士なので仕事のことや子育て話でおおいに盛り上がりました。さらにその様子をフェイスブックでも紹介したら、8人のウォールに全部アップされるわけです。すると8人のお友達がみんな見ているので、いろいろなコメントが入り、お互いの友人から友達申請が来たり、さらには私の公式サイトへビジネスの相談が来て具体的に仕事の話に進んだりと、つぎつぎ発展しています。

また、「こんな人いない？」と気軽に相談し合うのも女性同士の特徴で、知り合いの中から、ビジネスのパートナーを紹介し合ったり、ブログやソーシャルメディアで紹介し合うことで、お互いのファンがどんどん増えていくのです。

これは、男性にはあまり見られない、女性ならではの特徴です。

女性は、コミュニケーションを行うことで生活してきた長い歴史があるので、自然に人を紹介したりされたりという関係性が築けます。男性だと、どうしても相手をライバルとして見てしまう意識が働いて、ナチュラルに紹介したりされたりができないのかもしれません。

また女性は、人を紹介するときも、宣伝じみた書き方ではなく、上手に相手の商品やサービスをサラッと書けるので、読んだ人が興味をもって、ビジネスにつながるケースもとても多いのです。

ブログのヘッダーの項目で紹介した、マインドブロックバスターの栗山さんですが、あるとき彼女のことをブログで紹介したら、その日のうちに申し込みが10件以上あったとのことでした。

広告では、なかなかこうはいきません。これが女性ならではの口コミ力です。ソーシャルメディアの活用で、口コミ力が何倍にも増すのです。

これまで述べてきたように、ブログやソーシャルメディアへの投稿は、自分の中で記事をカテゴライズして（情報発信、ビジネス、プライベート）、ローテーションを組むように書いていくと、自分自身も書きやすくなります。

特に、「人の紹介」は積極的に行っていきましょう。自分自身のビジネスを広げることになりますから、だまされたと思ってやってみてください。

## ホームページをもちたいならまず自作してみよう！

起業したら、フェイスブックやブログだけではなく、きちんとしたホームページも持ちたいと誰もが思うものです。

しかし、これまで述べてきたように、情報発信や集客については、ブログとソーシャルメディアの2本立てで十分です。

ただ、信頼性の問題でホームページを必要とする場合もあるでしょう。

そのときでも、いきなりホームページ制作業者に有料で依頼しないでください。

なぜなら、費用がかかるのはもちろんですが、伝えたいことや業務の内容が明確でないうちに、ホームページを作っても、だいたい失敗するからです。

コンセプトや伝えたいことが明確に言語化できてないのに、業者から、「○○日までに原稿をください」と言われて、付け焼き刃的に原稿を考えて渡す。そして、見た目はきれいなホームページを納品されても、できあがってから「何か違う」となり、修正を繰り返して手間やお金がかかさんでしまうのです。
ならば、最初のホームページは、無料で自分で作ってしまいましょう。
今は、無料でホームページがつくれるサービスがいろいろあります。

・Jimdo　http://jp.jimdo.com/
・ワードプレス　http://ja.wordpress.org/

まずは、自分で文章を書いて、これらのサービスを用いてホームページを作ってみます。お客様が増えて、資金にも余裕ができてきて、サービスや伝えたいことも明確になったら、その時にきれいなホームページを業者に依頼すればよいのです。最初はお金もありませんから、ホームページにお金をかける必要はまったくありません。

もしも手作り品などをネットで販売したいなら、無料で使用できるネットショップサービスBASEがおすすめです。

・BASE　https://thebase.in

まずは自分で無料で作ってみる。そして1年も経てば、資金も貯まりこちらのメッセージも明確になりますから、その段階で業者に頼むのが、失敗しないホームページ制作の秘訣です。

## 検索でお客様が辿りつくように動線を作ってみよう

皆さんが、商品やサービスについて調べたい、ネットで買いたいと思ったら、まず何をしますか？

ほとんどの方が、スマホやパソコンで検索しますよね。

その際、グーグルやヤフーの検索窓に「キーワード」を入力して検索すると思います。

検索すると、検索結果の一覧が出ますが、私たちはそれらを全部見るわけではありません。

上から順番に眺めながら、興味をひくタイトルをクリックして、1~2ページ見にいき、興味がないページはすぐに閉じる、という行動をとるのではないでしょうか？

そして、ぴったりのページがあれば読み、そこで買いたいと思えば、そのまま購入することもあると思います。

これが消費者の行動パターンです。

起業すると、ビジネスを仕掛ける側として、お客様に以下の行動をとってもらわなければなりません。

①お客様に検索で見つけてもらう
②ページを読んでもらう
③アクションを起こしてもらう（問い合わせ、購入、メルマガ登録等）

いずれにしても、まずお客様に検索で自分のブログやサイトを見つけてもらわなければならないのです。

そのためには、ブログやサイトのＳＥＯ（検索エンジン最適化）対策をする必要があります。

現代人は、調べ事があったら検索をしますが、そのときに、狙ったキーワードで、検索結果上位に表示させるために行うのがSEO対策です。

SEOがちゃんとできていないと、ブログやサイトをいくら更新しても、アクセスが集まりません。

検索エンジン最大手のグーグルは、以下のようなブログやサイトを好んで上位に表示する傾向があります。

・たくさんのページ数をもち、コンテンツ（中身）が充実している。
・多くの人から支持され、リンクを多数もらっている。
・定期的に更新され、新しい情報が掲載されている。
・長く運営しており、サイトに歴史がある。

これらのポイントを踏まえたうえで、自分でできるSEOをやっていきましょう。

SEOには、「内部対策」と「外部対策」の2つがあります。

まず「内部対策」ですが、これは自分のブログやサイト内でできる対策です。

【内部対策のポイント】
・コンテンツ（文章）の質を高める。
・コンテンツ（文章）の量を増やす。
・更新回数を増やす。
・タイトルや文章にキーワードを含める。
・長く続ける。

特に、「キーワードを含める」ということは意識して行ってください。私のブログでも、「主婦の起業」という言葉を、意識的に随所に入れ込んでありますす。キーワードを入れることで、「主婦の起業」で検索したときに引っかかりやすくしてあるのです。キーワードを意識的にたくさん用いて記事を書いてください。

そして「外部対策」ですが、これは自分のブログやサイトに外からリンクをもらうことです。

【外部対策のポイント】

・アメーバブログなら読者登録を増やす。
・他のブログにコメントを残す。
・知り合いのブログやサイトと相互リンクをする。
・ブログランキングに登録する。
・ソーシャルメディアからリンクする。

つまり、外からリンクをもらうという作業を徹底的にやることが外部対策です。第４章で、ブログを複数立ち上げて、ワクワクするブログだけを残したと思いますが、更新をやめたブログからも、メインのブログにリンクをすることで、ＳＥＯの外部対策に使えます。ブログやサイトをただ更新するだけでなく、内部対策と外部対策を徹底的にやることで、検索上位に食い込むことがネット集客の第一歩です。

そして、ページを訪れた方を逃さないために、一目で分かるヘッダー画像やヘッドコピーを見せて、興味を持ってもらうための文章やデザインを考えます。

興味を持ってもらったら、お客様にしてもらいたいアクションに誘導します。

もちろんそこで商品を購入してもらえればベストなのですが、最初からいきなり購入してもらえるケースは稀です。

そこでワンクッションおいて、資料請求やお問い合わせをしてもらうとか、メールマガジンを登録してもらう、という出口も用意しておきます。そうすることで、見込み客のリスト蓄積にもなっていきます。

「買ってくれないなら、さようなら」

という態度ではなく、

「今日は訪れてくださりありがとうございます。情報は無料でメルマガを送りますので、よかったら登録してください」

と言って、1年かけて営業していってもよいのです。

そうすることで、お客様の間口も広がります。

メルマガを始める場合も、まずは無料サービスで十分です。

・まぐまぐ　http://mag2.com

まずは何らかの形で問い合わせをしてもらって、接点を持つ、見積もりを作る、アポを取る等々、何かしら次のアクションが取れるような動線《どうせん》を作ってあげてください。

# 第6章　主婦の起業で目指せ！　月10万円！

## 月10万円の収入をつくるために必要なこと

時給で仕事をするアルバイトとは異なり、起業をしてからは、かけた時間に比例して収入が増えるわけではありません。

特に最初のころは、ビジネスの種を蒔いて水をやっている時期です。周囲に知ってもらうためには、時間も労力もかかります。

第5章で紹介したように、ブログで情報を発信し、アクセスを集めるためにコメントまわりをしたり、読者登録をしたり、さらにはフェイスブックに投稿したり……。どれも、直接お金にならない作業ばかりです。

人に会っても、すぐに仕事になるわけではありません。それでも自分のことを知ってもらうために人に会ったり、フェイスブックやツイッターで情報発信を続けたりしていると、ようやく最初のお客様が現れるのです。

最初は月に1万円の売り上げかもしれませんし、経費を引くと利益はまったく残らないかもしれません。

それでも、「私のしていることは、誰かの役に立つ」という信念を忘れずに、コツコツとネットとリアル社会の両方で活動を続けていくことで、ゆっくりとですが、必ずファンは増えていきます。

あなたの商品やサービスを使ってくれた方に、ぜひブログやソーシャルメディアで紹介をしてもらってください。紹介してくれる場合は、「メニューから１０００円引き」などの特典をつけておいてもいいでしょう。

なかなかお金にならないからと言って、情報発信をやめてしまうのは、夜明け直前に諦めてしまうようなものです。

成功するには、成功するまで「続ける」ことです。

自分なりの小さなマイルストーン（目標）を作り、たとえば売り上げが1万円、３万円、５万円……と目標をクリアしていくことで、実績も自信もできてきます。

大切なのは、自分一人でやろうとしないことです。

まわりに応援してくれそうな方がいたら、頭を下げて応援をお願いしましょう。

「こんなビジネスを始めたので、お持ちのブログやメルマガで紹介してください」

「フェイスブックでシェアしてください」

また、インフルエンサー（ネット上で影響力を持つ人）には、商品やサービスを無料で体験してもらって、紹介してもらうようにすると効果的です。

私は、初めての情報商材を書いた時に、ネットビジネスの師匠である石田健さんのメルマガで紹介してもらったところ、1日で30名以上の申し込みがありました。

そして、私の商材を使った方がさらに自分のメルマガやブログで紹介してくれて、瞬く間にランキングに載るほどの売れ行きとなり、短時間でビジネスを起動にのせることができたのです。

ヘンなプライドは捨てて、応援をお願いしてみる爽やかな図々しさも起業には必要です。

## 「今すぐ10万円欲しい！」という人のための裏技

そうはいっても、起業当初はお金がなくて困るもの。

名刺をつくったり、人と会うための洋服を買ったり、出かけるための交通費だったり、ブログのカスタマイズを業者さんに頼む費用だったり……。収入がないのに、いろいろとお金が出ていくのはたしかです。

「今は収入はない、でも今すぐ10万円欲しい！」

こんな人のために、簡単にできる裏ワザをここでご紹介しましょう。

それは「自己アフィリエイト」です。

アフィリエイト（成果報酬型広告）とは、ネット広告の方式の一つです。ブログやホームページに、広告主のウェブサイトへのリンクを張り、読者がそのリンクを経由して広告主のサイトで商品を購入したりすると、一定の報酬が得られる仕組みです。

主婦起業とは直接関係ないテクニックなのですが、このアフィリエイトを使って、簡単に10万円を稼ぐことができます。それが「自己アフィリエイト」です。

自己アフィリエイトとは、自分のブログに貼ったスポンサーサイトのリンクに、自分が申し込みをして、自分で報酬をもらうという方法です。

やり方は簡単です。ＡＳＰ（アフィリエイトサービスプロバイダー）にどこかひとつアフイリエイター登録をします。どこのＡＳＰでもいいのですが、初心者におすすめなのはＡ８．ｎｅｔ（エーハチネット）という会社です。

・Ａ８．ｎｅｔ　http://www.a8.net/

ここにアフィリエイター登録をして、無料で自己アフィリエイトができる案件を検索します。何か商品を購入したりする有料のアフィリエイト案件では、自分がお金を払うことになってしまうのでなかなか利益になりにくいです。無料の案件だけでも何百件も出てくるはずです。たとえば保険の無料相談で８０００円とか、家のシロアリ診断で５０００円とか、たくさんあります。

そこで自分が興味のあるプログラムを選ぶと、ＡＳＰからアフィリエイトコードが出されますので、そのコードを自分のブログに貼ります。あとは、自分でそのコードをクリックしてスポンサーサイトにいき、無料相談などに申し込めば、アフィリエイト報酬が得られるわけです。

この作業を繰り返していけば、10万円ぐらいはすぐに稼げます。

自己アフィリエイトは違法なやり方ではなく、むしろＡＳＰも推奨しています。ＡＳＰとしては、みなさんのブログで商品を紹介してほしいのです。紹介するためには、まず自分が使ってみなければ記事を書けませんよね。だから、まず自分が使ってみて、そしてブログ等で紹介してもらう、ということを想定しているのです。

自己アフィリエイトにはリスクもありませんし、１００％お金が入ってきます。また、プログラムを選んでアフィリエイトコードをブログに貼り、そこから申し込むだけですから、１件につき10分もかからず終わります。１日で10万円稼ぐことも可能でしょう。８０００円の案件を13回やれば、10万円超えますからね。

ただし、注意点があります。アメーバブログや楽天ブログでは、ブログにアフィリエイトコードを貼ることができません。そのため、これら以外のブログで行うようにしてください。

また、自己アフィリエイトは、他人に見せる必要がありませんから、専用に新しいブログを立ち上げてもいいですし、更新を続けているワクワクブログ以外の「捨てブログ」にアフィリエイトコードを貼ってもいいでしょう。

逆に、メインで更新をしているブログで自己アフィリエイトをやるのはやめたほうがいいです。

「記事に関係ないのに、なんでいきなりシロアリ駆除《くじょ》のバナーが貼ってあるの?」と、読者に不審がられる恐れがあります。

自己アフィリエイトの仕組みを知っておくと、今後、日常的な買い物などでも活用できます。なんでも自己アフィリエイトで買えば、報酬分が実質的に割引になるわけですから、お得ですよね。

ネットを活用してビジネスをしていくなら、自己アフィリエイトの仕組みを知っておいて、損はありません。

## 「開封率100%のDM=名刺」は優れた営業マン

起業したら、まずは肩書き(自称でもよい)を入れた名刺を作りましょう。

たとえネットで集客をするのだとしても、人に会う機会が増えることは間違いありません。早々に、肩書きを入れた名刺を作ったほうがいいでしょう。

その際、自分でつくって家庭用プリンターで印刷した名刺ではなく、少々お金がかかっても業者に依頼してつくってもらってください。

名刺を作成するためには、写真、肩書き、自分の商品やサービスを一言で表すキャッチコピーなどを決めておいてください。特に肩書きは、ブログなどで使っているものと統一して、自分のイメージを確立させてみましょう。

顔写真は必須です。必ず、プロのカメラマンに依頼して撮ってもらいましょう。料理教室ならエプロン姿で写るなど、仕事がイメージできる服装の写真にするのが効果的です。

私は1年間で数百人の人と名刺交換をします。年末などに名刺整理をするとき、名刺をみて顔を思い出せない人の名刺は、捨ててしまうことが多いです。顔写真があれば、「ああ、この人とあの時こんな話をしたな～」

と思い出すので、名刺を捨てられなくなります。

主婦の起業は、あなたという個人が大事になってきます。会社というバックがない個人が仕事をしていくうえで、顔写真がないと相手の記憶に残りにくいというのは厳然とした事実です。名刺には必ず顔写真を入れるようにしましょう。

両面にする場合は、表面にはインパクトのある肩書きや商品のキャッチコピー。そして裏面に、プライベートや人となりを伝える情報を入れると、名刺交換のときに相手が質問してきたりして、初対面でも会話が弾みやすくなります。いわば名刺が営業マンになってくれるのです。

私の名刺には、「主婦の起業はかたつむりで」というキャッチコピーが記されています。

初対面の人はほぼ100%、

「かたつむりって何ですか？」

と質問されるので、そこから自分のビジネスの説明を自然にすることができ、会話が弾みます。そこであえて、「かたつむり」というちょっと意外性のある単語を、名刺に載せているのです。

　また名刺には、私が札幌生まれであることや、出身大学なども入れてあります。共通の話題があると、そこから会話が盛り上がることがあるので、フック（引っかかり）になりそうな情報を載せているのです。

　ただ名刺交換のときは、自分のことを話すよりも、相手のことを知るために質問することに注力しましょう。自分のことばかり売り込もうとすると、余裕のない人だと思われ、かえって仕事につながらないケースが多いです。

　名刺がないと起業したという意識も持てません。

「私はプロとして開業したのだ」

という意識を自分自身の中にもつためにも、名刺は最初につくりましょう。

## 1分間で自己アピールできるように準備しておこう

　起業すると、いろいろな場面で自己紹介することが増えます。

「○○さんは、何をされているんですか？」

と聞かれたときに、モゴモゴせずにパッと答えられるよう、普段から練習しておくことが大切です。

多くの場合、そんなに時間があるわけではありません。目安としては、1分で相手に覚えてもらうための自己紹介文を考えておくといいでしょう。

文字数にすると、300〜400字程度が、1分間で話すボリュームです。

コツとしては、自分の名前と肩書きは、最初にゆっくりと話すことです。特に自分の名前は、自分では言い慣れているので早く話してしまいがちですが、聞いているほうはなかなか耳に入らないものです。一音一音ゆっくりと正確に話して、最後にもう一度自分の名前を言うぐらいでちょうどいいのです。

自分のビジネスについて紹介するときも、宣伝するというよりは、自分が相手に与えられるメリットを必ず1つは入れるようにしましょう。あれもこれもと欲張らず、1つのメッセージが伝われば十分です。それだけで、「この人ともっと話してみたい」と思ってもらえます。

また、「○○については詳しいので、ぜひ私に聞いてください」と最後に一言入れて結ぶと、声をかけてもらったり質問されやすくなります。

私の場合は、
「主婦の起業を支援する塾を運営している山口朋子と申します。私自身、専業主婦から起業しました」
と話し出すことで、「主婦」「起業」という、自分のビジネスのイメージをまず相手に伝えます。

その後、塾がどういうものなのか（子育て中の主婦を中心に教えているので、在宅で学べるように通信制であること、起業に必要なネットスキルが使えるようになること、海外や地方の受講生が多いことなど）を伝え、最後に「ホームページやブログの集客などについては、ぜひ私に聞いてください」と言うことで、その後で質問してくださる方が増えるのです。

ともあれ、いつどんなときでも、自分のビジネスについてパシッと歯切れよく話せるように、また声は大きく、はっきりと、笑顔で自己紹介ができるように、日頃から練習しておきましょう。

## 規模の拡大を目標にすると95%失敗するワケ

「ビジネスを拡大しないほうが幸せである」

これは、主婦の起業について私が常々感じていることです。

起業するときの最初の気持ちは、

「家計に余裕をもたせて家族を笑顔にしたい」

「子どもに習い事をさせてやりたい」

「自分の商品やサービスでお客様に喜んでもらいたい」

という思いだったことでしょう。

そして、少しずつ獲得できた一人一人のお客様を大切にすることで、信頼をつかみ、ファンを作り、ビジネスは成長していきます。

でも、売り上げが上がったからといって、安易に、自宅から出て事務所や店舗を借りる、人を雇う、会社にする、税理士に依頼する、広告費を使うなどと拡大路線に走ると、一気に出費が増えていきます。自宅の一室でやっていたときは経費はかからなかったのに、店舗を借りると月に10～20万円はすぐに飛んでいきます。

かけた経費に比例してお客様も増えていくかというと、そういうわけにはいきません。むしろ、大勢を対象にすることで、従来のコアなファンが離れていったり、お金稼ぎの匂いを感じて、応援してくれる人が減ったりすることもあります。

毎月の出費をまかなうために、顧客獲得に奔走するあなたは、いつも数字に頭を悩ませることになり、いつしかお客様の顔がお金に見えてきてしまうのです。

「家族を笑顔にしたい、自分の商品やサービスでお客様に喜んでもらいたい」

という、スタート時の純粋な気持ちも忘れてしまうでしょう。

そんな人のところにお客様はやってくるでしょうか。

また、家庭はどうでしょうか。

空いた時間で、月10万円を稼ぐうちは、家事や育児にもさほど影響がないはずです。しかし、規模を拡大するにつれて当然、多忙になります。夕食を作る時間が惜しくなりスーパーのお惣菜で済ませたり、休みの日も仕事で出かけたり、掃除や洗濯がおろそかになることも増えるでしょう。

最初、月10万円ぐらいのころは微笑ましく見守ってくれていたダンナさんも、家事や育児を手抜きしたり、自分に被害が及んだりすると、だんだんとイライラしてきます。

「お前、最近、家のこと何にもやってないじゃないか」

なんて、夫婦仲も険悪《けんあく》になってきます。

ついに奥さんがダンナさんの収入を超えてしまったりすると、奥さんも強気になるし、ダンナさんのプライドを傷つけることもあるかもしれません。最悪の場合、離婚に至ってしまうというケースも、私は何度も見てきました。

家族を笑顔にするために始めたはずの起業が、お金のために家族を引き裂く結果になってしまうのです。そんなことになったら、何よりもお子さんがかわいそうです。

私がこの本で訴えている、主婦の「かたつむり起業」がなぜ毎月10万円なのか。それは、毎月10万円ぐらいの収入をめざし、それ以上の規模の拡大を目標にしないほうが、家族の誰もが幸せに暮らせるからなのです。

ダンナさんのプライドやメンツをつぶさないためにも、

「家計はパパが支えてくれてありがとう。私は家族みんなのためのプラスアルファを少しがんばるわ」

というスタンスを忘れないでほしいのです。

主婦の起業は、家族に対する感謝を忘れてしまっては、必ず失敗してしまいます。そのことをよく覚えておいてください。

## お金で痛い目にあう人の共通点とは？

主婦起業を成功させるコツは、とにかく最初はお金をかけないことです。

特に、３大金食い虫と私が呼んでいる「人件費、広告費、家賃」にはご注意ください。事務所や店舗、サロン、教室などは、最初は自宅の一室を使うようにして、家賃がかからないようにします。

私の知人で、いきなり駅前の２ＤＫの賃貸マンションを借りてエステサロンを始めた女性がいました（第１章で触れた女性とはまた違う方です）。

敷金礼金と家賃、そして内装工事費で何百万とかかったのですが、それはダンナさんに借金してまかない、ホームページも50万円かけて業者に制作してもらったそうです。

サロンは駅前のマンションなので毎月の家賃は高額でした。しかしテナントではなく、ファミリー向けマンションだったので、看板も出せず、集客がうまくいきません。駅でチラシを配ったり、ポスティングをしたり、タウン誌に広告を出したりしていましたが、思うようにお客様は集まらなかったようです。そして間もなく廃業してしまいました。たった1枚、「閉店のお知らせ」というハガキがきて、彼女はビジネスをやめてしまったのです。

なぜ廃業したかといえば、経費を払えなくなったからです。お金をかけなければ、仮に売り上げがゼロであったとしても、ビジネスを続けることはできますよね。

最初に、家賃や広告費などをたくさんかけて集客するのは、大手企業のやり方です。同じことを個人がやっても、大手に勝てるわけはありません。

主婦の起業は「小さく産んで、大きく育てる」のが成功の秘訣です。口コミで着実にファンを作るように、時間をかけて自分のビジネスを育てていってください。

また、起業をすると、広告、コンサル、販促ツール、投資などさまざまな誘いがくるようになります。ブログや名刺に、電話番号やメールアドレスを記すので、それらを見て勧誘がくるのです。

相手から声をかけられた案件については、見極めが必要です。信頼できる人に相談したり、予算を決めてオーバーしないようにするなどして、怪しい話にだまされないようにしましょう。

私の友人がネットショップを始めたばかりの頃、SEOのコンサルティングの電話がかかってきました。「月に8万円で売り上げが何十倍にも上がる」と言われて、思わずすぐに契約してしまったそうです。

月8万円で3年間の契約です。合計で約300万円の大金なので、後で人に相談したところ「やめた方がいい」となり、クーリングオフの申し出をしましたが、今度はなかなか相手が応じません。結局、弁護士も入る騒ぎになり、その費用に20万円ほどかけてようやく契約を無効にできました。

本人は、「痛い勉強代だ」と言っていましたが、おいしい話はそんなにないので、気をつけましょう。お金の話は基本的に主婦は苦手なので、シビアになったほうがいいですし、「その場で決断しない」「人に相談する」という自衛策をもっておきましょう。

起業した後は、当然のことですが売り上げがなくても毎月の収支はきちんと記録しておきましょう。

売り上げを上げるために行った活動（食事会に参加した、セミナーに参加した、書籍を買った、通信費、交通費など）もすべて経費として計上できますから、必ず領収書をもらう癖をつけておいてください。交通費はメモでもいいですし、ＳｕｉｃａやＰＡＳＭＯなどの記録を取り寄せてもいいです。領収書は、個人名ではなく、屋号でもらうと、個人で使ったものと判別しやすくなります。

主婦の起業家に多いのが、月ごとの収支を把握していない人です。

「売り上げどのくらいあるの？」「わかりません」

「どのくらいお金使っているの？」「わかりません」

一緒にお茶を飲んで「領収書いるよね」と言っても、「え？　いりません」という感じです。そういう人は本当に心配です。

売り上げが小額のときから、毎月の収支をきっちり記録するようにしておきましょう。

ちなみに、開業間もない時期には税理士さんを頼む必要はありません。税理士さんと契約すると月何万とまた経費がかかってしまいます。

最初は、自分で自分の収支を把握して、お金の管理をできる習慣をつけるようにしましょう。

## 友人との仲良し起業はＮＧ！　～もつべきは相談できる仲間～

「気の合う友人と一緒に起業したい」

そんなご相談もよく受けます。

しかし、ほとんどの場合はうまくいきません。それがシビアな現実です。

相談を受けたときには、２人の役割分担や、それぞれの得意不得意な分野、経費の負担や報酬の分配について、細かくヒアリングします。そこがはっきりしないまま、「１人では不安だから友人と起業」というケースが少なからず見受けられます。

繰り返しますが、必ず失敗します。

私も、起業したばかりの頃、友人と2人で事業を立ち上げようという話が持ち上がりました。いったんその話で進めてみたのですが、彼女が何につけても私を頼ってきて、二言目には、「それは私は苦手だからやってほしい」と私の作業負担がどんどん増えていきました。

たしかに起業時の作業については、起業経験のある私にとって難しいことではありませんでしたが、こまごまとやることがあって、非常に労力と時間をとられたのです。作業の負担は、8：2で私のほうが圧倒的に多い状態でした。

いよいよサービス開始直前になり、経費の精算や売り上げの分配について確認したところ、「利益分配は半々という約束だったから、そうしよう」と言われたのです。ばかばかしくなって、そのビジネスは結局中止になりました。

友人とは結局、そのことで気まずくなり疎遠《そえん》になってしまい、私は大事な友人さえも失ってしまったのです。

その友人と2人でビジネスをするなら、私が経営者・責任者となり、必要なときに彼女に事前に報酬額を決めて手伝ってもらうという形がベストでした。「共同経営」ではなく、「責任者とパートナー」という関係性ですね。「共同経営」は、多くの場合、どちらかに不満が出て、もめて喧嘩別れするパターンに陥ります。

一緒にビジネスをするためには、事前に、責任の所在や利益について明確にしておかなければいけません。

一方、起業してから私がよく相談していたのが、同じように起業したママ経営者です。家事や育児、家庭の両立などの相談や、ビジネスのことなど、親身に相談にのってもらいました。彼女たちがいたからこそ、私は起業を続けてこられたのだと思います。

仲良しの友人と一緒に起業するのではなく、１人で起業し、必要なときは友人に手伝ってもらったり相談にのってもらう。でも責任はいつも自分が取る。そんな「自立」のスタンスが、起業では必要です。

## 開業届は出したほうがいい？

さて、「開業届は出したほうがいいか？」という質問もよくあります。

税務署では、新たに開業した日から1カ月以内に、住所地を管轄する税務署へ「開業届出書」を提出するように指導しています。出さなかったからといって何らかの罰則があるわけではないのですが、特に出さない理由がないなら、提出しておいたほうがいいでしょう。

起業したてで、月に1万円ぐらいの売り上げしかなかったとしても、開業届を出す意味はあります。

「開業したんだ」ということで自分自身の意識が変わります。また開業届には屋号を書く欄がありますから、屋号を決めた時点でまた意識が強くなります。別に売り上げがゼロだからといって、税務署に怒られるわけではありませんからね。

そして、開業届を出すときに、青色申告を希望するなら、あわせて「青色申告承認申請書」もこのとき提出してしまうといいでしょう。

会社員と違い、個人事業主でビジネスを始めると、払う必要のある所得税額を自分で計算して税務署に申告しなければなりません。

その際の申告方法には「白色申告」と「青色申告」の2種類があります。

「白色申告」とは、「青色申告」の申請をしていない人が行う方式で、単式簿記により帳《ちょう》簿《ぼ》を記録するので、手間はさほどかかりません。

「青色申告」とは、複式簿記により毎日の取引を帳簿に記録し、それに基づいて所得を申告することです。税務署に申請書類を提出し、承認を受けることが条件となります。

青色申告と白色申告を比較すると、次のような主なメリットとデメリットがあります。

【青色申告のメリット】

①最高65万円の特別控除

②赤字の場合には3年間繰り越すことが可能

③一緒に働く（専従の）家族への給与が労務対価として適正な金額であれば必要経費に

なる

④30万円未満の減価償却《げんかしょうきゃく》資産は一括経費になる

⑤自宅をオフィスにすると、家賃や電気代の一部も経費になる

【青色申告のデメリット】

①申請書の提出が必要

②複式簿記での記帳が必要

ここでは一つ一つについて詳しくは述べませんが、青色申告にすれば、白色申告に比べて年間数万円から数十万円の節税効果があります。そのかわり、複式簿記での記帳などで手間が多少かかるのです。

起業したての頃は、税金のことまで頭がまわらない人がほとんどです。最初はシンプルに白色申告にしておいて、ある程度売り上げが出てきた段階で青色申告にして、節税を考えるということでよいと思います。

# 起業の成功に不可欠なインプット&アウトプットとは？

起業すると、その分野のプロとしての情報収集（インプット）が欠かせなくなります。お客様から何か質問されたとき「それは知りません」では、お金をいただくプロとして恥ずかしいですよね。

自分の専門分野についての情報は、常に収集しておくとよいでしょう。時間がない主婦は、ここでもネットを活用することをおすすめします。

おすすめのサービスは「Gunosy（グノシー）」というニュースサービスです。あなたのフェイスブックやツイッター、はてなブックマークから興味のありそうな情報を解析し、1日に1回、情報をメールで知らせてくれるサービスです。自分の専門分野のキーワードを登録しておけば、その分野の情報が自動的に送られてくるので非常に楽です。

スマホを使っているなら、「SmartNews（スマートニュース）」というアプリを使えば、話題のニュースをリアルタイムで表示してくれます。

また、「Googleアラート」は、指定のキーワードに関連する最新のグーグル検索結果（ウェブ、ニュースなど）をメールで配信してくれるサービスです。気になるニュースをモニターしたり、業界の最新情報を入手するなど、インプットには最適です。

私も、レーシックのアフィリエイトをしていた時はGoogleアラートのキーワードに「レーシック」と指定しておきました。するとレーシックに関するニュースが必ず1日1回メールで届くので、使えるネタは、アフィリエイトサイトに自分の感想を加えて書いていました。だから、ネタ集めにはまったく困らなかったのです。ブログのネタ作りにもこれらのサービスは有効ですので、ぜひ活用してみてください。

自分の専門分野に関する情報やニュースは、自分から探しに行かなくても自動的に自分の手元に届くような仕組みをつくっておくことです。そうすれば、時間がなくてもちらっと見て、気になるものをチェックすればいいので、インプットを継続することが容易になります。

可能であれば、ネットだけでなく、セミナーや交流会、勉強会のような人と交わる場所に顔を出してみましょう。そこで、講師や参加者の方々と積極的に名刺交換して、会話をするのです。

ネットは誰もが見ることができますが、本当に価値のある情報はやはり人間から入ってくるのです。実際に人と会うことで人脈も広がり、ビジネスにもつながっていきます。

また、費用対効果で言うと、書籍は最高のインプットになります。わずか1000～2000円で、専門的な知見を得ることができます。とくにお子さんが小さかったりすると、セミナー等に参加するのも難しいと思いますので、書籍から情報を得るのはいい方法です。自分の専門分野で売れている本などは、目を通しておくとよいでしょう。

さて、いくらインプットをしたとしても、アウトプットがなければ自分の財産にはなりません。

ここまで読んできた方は、ご自分のブログやソーシャルメディアをすでにお持ちだと思いますので、インプットしたことを自分のフィルターを通して記事にしたり、勉強会などを開いて人に伝えたりしてください。無料小冊子や無料レポートを作ってみるのもいいですね。自分の知識を他人とシェアしていくことで、周囲も喜びますし、自分自身のプロとしての認知度も広がっていきます。

知識やスキルは、アウトプットをしてどんどん人に伝えることで、自分のものとして定着していくのです。

## ㊙！ 夫を専属コンサルタントに育てる方法

ダンナさんが家にいるということは、客観的な意見をもらうときにすごく便利です。いわば、自分の専属コンサルタントがいるようなものですから、活用しない手はありません。

私も、夫婦でお互いをコンサルタント代わりに「これやろうと思うけれどどう思う？」とよく相談し合います。夫がすごく左脳的・論理的な人で、自分が右脳的・感覚的なので、お互い補完し合う関係なのです。夫の意見もすごく参考になるし、また夫も私のアイデアが面白いといって、相談し合うことで、お互いの視野が広がります。

ところが、ダンナさんに相談するタイミングを間違えると、

「そんなの自分で考えたら」

「自分で始めたビジネスなんだから、自分で判断しなよ」

などと冷たく突き放されることがあるかもしれません。

そういう経験をした人によくよく聞いてみると、ダンナさんが「ただいま」と仕事から帰って来た時にいきなり「ねねね、相談に乗ってよ」と言って、ご飯を食べさせる前にいきなり相談したりしているのです。もし自分がダンナさんの立場だったら、そんなふうに言われたら面倒くさくなってしまいますよね。でも女性は、そういうふうにやりがちなのです。


コツは、ダンナさんをお客様だと思ってみることです。お客様にいきなり自分の都合を押し付けると、逃げられてしまいますよね？

「○○のことであなたに相談したいから、時間がある時に30分ほど時間もらえない？」

など相手の都合を聞き、日時を相手に決めさせると、相談に乗ってくれやすくなります。

あと女性に多いのは、ダンナさんがアドバイスをくれても、「でも」「だって、それは無理」など、否定形で返してしまうケースです。ダンナさんが社会的に仕事をしている立場からアドバイスをくれていても、奥さんからしてみると「そんなこと無理だよ」とつい言ってしまうのですね。けれども、否定で返されると、今後、ダンナさんはあなたの相談に乗りたくなくなります。

たとえ、ダンナさんのアイデアが実現不可能だったとしても、一度はその意見を受け止めてください。

「そうなんだ〜。そういう考え方もあるのね。参考になったわ。ありがとう」

というスタンスで受け止めてみる。そして、そのあとの結果も報告してください。

「あの件ね、やってみたけどこうだったから、こんなふうにしてみたの」

まさに「報告・連絡・相談」ですね。

そういうスタンスで話を聞けば、ダンナさんは、もっとあなたの役に立とうとしてくれます。

なるほど。
こういう感じに
すればいいんじゃない？

ダンナさんがあなたの役に立とうと思ってくれるために、必要な前提条件があります。

それは、まずあなた自身が本気でダンナさんの役に立とうとか、話を聞こうとしているかということです。

自分がそもそもダンナさんの話をろくろく聞かないのに、自分の話だけ「聞いてよ」と言っても、聞いてくれるはずがありません。また、奥さんがダンナさんのことを否定していたり、ジャッジしたりしていたら、相手も当然自分のことをジャッジしてきます。すると建設的な話し合いではなく、相手をやり込めようとし始めて、喧嘩になってしまうのです。

そのため、普段からダンナさんを本気で応援して、相手の話もちゃんと聞くということを心がけましょう。そして、イザというときにダンナさんに相談するのです。

男性は、自己重要感が大事な生き物です。「すごーい」「さすが！」などと、多少大げさに褒めると、気持ち良くアドバイスをくれます。

あとは「ありがとう」と笑顔で言ったり、おかずを1品増やすとか、ダンナさんに感謝の気持ちを目に見えるように伝えることで、あなたのビジネスを喜んで手伝ってくれるようになるでしょう。

つまり「返報性の原理」です。まず自分が相手に与える。それをせずに自分がもらおうとばかりしていても、相手からは与えてもらえません。ダンナさんの意見を聞くのは、相手に応援してもらうことにもなるので、ぜひ、自分のビジネスについてダンナさんに相談できる関係を築いてほしいです。そのためにまず、あなた自身が変わることです。応援してもらいたいのなら、先に相手を応援しましょう。

## 夫婦間の考え方〈相手は自分の鏡〉が、起業のレッスン

前の項目で、ダンナさんに応援してもらうための考え方について触れました。

これは夫婦関係だけではなく、お客様に対しても、スタッフに対しても、すべての人間関係について言えることです。起業を成功させるためには、一人で何もかもをこなすのは難しいです。たくさんの人の協力があって、ビジネスは成り立つのです。

そして、夫婦関係というのはいちばん小さな単位の社会です。夫婦関係がうまくいくことで、その延長線上に、社会やビジネスでの成功も見えてくるのです。

そのための基本的な考えが「相手は自分の鏡」というもの。

ダンナさんについてイラッとすることがあったら、そのイラッとする原因は自分の中にあると考えてみましょう。

何が自分をイラッとさせているのかに気づくと、相手に対するイライラも減ります。また、自分の行動や言葉が変わることで、相手の行動や言葉が不思議と変わってきます。ダンナさんを喜ばせることができなければ、お客様を喜ばせることもできません。まずは、目の前のダンナさんという一人の人間を喜ばせるために、自分に何ができるのかを考えることが、起業してお客様に喜んでもらうための最初のレッスンになります。

また、仮に今後、スタッフやアルバイトを雇ったりすることになる場合、夫婦コミュニケーションを良くしておくことは、彼ら彼女らに気持ちよく働いてもらうための、対人関係の土台となるのです。


起業直後の私は、やることがたくさんあり、忙しすぎて心の余裕をなくしていました。気づくと家庭は殺伐《さつばつ》としており、家庭内に笑顔がなくなっていました。夫との会話もなく、用件はメールで済ませる日々がしばらく続いたのです。

でもある日、私が好きなことをできているのは家族の協力のおかげだと気づき、家族優先のスケジュールに変えました。家庭内では、常にユーモアを交えて笑いを起こすようにし、どんな小さなことでも相手が何かしてくれたら「ありがとう」と言うようにしました。

すると、だんだん夫も「ありがとう」と言うようになり、気づくとわが家は毎日「ありがとう」「ありがとう」と言い合う家庭になりました。

社会で「ありがとう」を言われるようになることは、お金という形で感謝が表現されることになるので、売り上げが上がることにつながります。

社会から「ありがとう」と言ってもらえるためには、まずは自分の行動を変えること。社会にしてもらったことに感謝し、自分が役に立てることをしていくことですね。

先に自分が価値を与えることを、まずは家庭の中から習慣づけしていく。それが起業した後の売り上げに必ず反映されます。

人間、一人では何もできません。お客様にも喜んでもらえ、スタッフにも気持ちよく働いてもらう。そしてダンナさんにも応援してもらえる。そうなったときに、必ずお金は回っていくのです。「自分だけ儲かればいい」という考えで、実際に儲かっている人を私は見たことがありません。

「相手は自分の鏡」――そんな当たり前の言葉が、主婦の起業と家庭の幸福を成就するための、最大の秘訣なのです。

# おわりに

女性は、結婚や出産、育児、介護、夫の転勤などでライフスタイルが変わり、キャリアが中断されることも多いです。

私自身、大好きだった建築士の仕事を、出産・育児で断念しました。仕事も好きだったけれど、子どもの成長を見守ることを最優先にしたかったからです。

数年間の専業主婦時代を過ごし、子どもの手が離れたとき、いざ復職しようと思っても、なかなか腰が重く、かといって近所でパートをする気にもなれずに、「起業」という道を選びました。

でも、実は、最初は「起業するぞ！」と思って始めたわけではありません。

好きでやっていたことが、継続的に収入になっており、気づいたら「起業していた」状態だったのです。

私の場合は、インターネットに触れることが好きで、人に何かを教えることが苦ではなかったことから、ネットスキルを教える塾を始めました。ブログやソーシャルメディアの普及とともに、まわりには、「好きなこと」で起業する女性がどんどん増えて来ました。

彼女たちが特別な能力を持っていたわけではありません。みんな、第3章でご紹介したように、普通の主婦からのスタートでした。彼女たちの楽しそうな様子を見ているうちに、「自分が好きなことで」「家にいながら」「やりがいや収入を得る」起業という選択肢を、主婦のみなさんにもっと知っていただきたくて、この本を書かせていただきました。

自分の得意なこと、好きなことを仕事にするという「起業」という働き方は、主婦の生活を大きく変えます。

収入とやりがいが手に入る以外に、自分の世界が広がり、社会とつながっている充実感を得ることができますし、自分の成長にもつながります。

「起業なんて、自分にはとても無理」と思っている方にこそ、この本をぜひ手に取ってほしいのです。

あなたが得意なことは、誰かの「苦手」でもあります。

そのちょっとした「差」が、インターネットの発達した現代では、「お金」に変わるのです。

「そういえば、片づけることが好きかも」「パンを焼くのは得意だわ」

誰でも、1つや2つ、人に自慢できることがあると思います。

主婦にとって大切なことは、「お金を稼ぐこと」ではなく、「家族を笑顔にすること」です。

子育てや家事の合間に、自分が好きなことを仕事にして、月に10万円を得て、家族の笑顔が増えるなら、最高ですよね。

そのために、最初にしていただくのが、「自分が何にワクワクするのか」という自分自身の棚卸しです。

私は、インターネットを扱う今の仕事（彩塾の運営やホームページ制作の業務）は、天職だと思っていて、たとえお金がもらえなくてもやりたいほど好きなのです。

仕事というよりも、好きなことをしているだけなので、苦労も苦労とは感じません。

楽しんでやっている仕事で、多くの方に喜んでもらえて、その「ありがとう」の分だけ収入としていただける、最高の働き方だと思っています。


まずは、普通の主婦たちが、どんなきっかけで「起業という道」を歩き始めたのかを知り、自分にもできるかもしれない、という可能性に気づいてくださいね。

正社員でもない、パートや内職でもない、家族を幸せにし、あなたを輝かせる働き方があるのだということを知っていただければ、この本を書いた甲斐があります。


さて、ここまでお読みいただき、本当にありがとうございます。

読者の方に、感謝の気持ちをこめて、最後にプレゼントをさせてください。

ページの関係上、あまりくわしく書けなかった第6章の「『今すぐ10万円欲しい!』という人のための裏技」ですが、わかりやすく図解したものを、本書をお読みの方全員に差し上げます。

http://yamaguchi-tomoko.com/10man/

こちらにメールアドレスを入力後、送信してください。

自動返信で、「『今すぐ10万円欲しい！』という人のための裏技」図解編をお届けいたします。

感想を任意で記入できる欄もありますので、よろしければ、読後の感想などいただけるととても嬉しいです。

最後になりましたが、この本を書くにあたり、多大な応援をしてくれた夫の山口拓朗、娘の桃果に感謝します。

また、彩塾で学んでいる塾生のみなさんにも、たくさんの応援をいただきました。ありがとうございました。

編集者として支えてくださったさくら舎の戸塚健二さん、たくさんのアドバイスをくれた出版プロデューサーの城村典子さんにも感謝申し上げます。

この本を手にしてくださったあなたへ。
1日30分で月10万円をGｅｔするのは、次はあなたです。
この本が、小さなことでもいいので、何か始めるきっかけになれば幸いです。
フェイスブックを始めた方は、ぜひフェイスブックでもお友達になりましょう。
あなたからのメッセージをお待ちしております。

山口　朋子

**著者略歴**
北海道札幌市に生まれる。立教大学社会学部卒業。

株式会社アップリンクス代表取締役。

女性のためのネットスキルアップ塾「彩塾」代表。

品川区立武蔵小山創業支援センター アドバイザー。

株式会社リクルートにてコンサルティング営業を学んだのち、ハウスメーカーに転職。二級建築士、インテリアコーディネーターの資格を取得し、住宅の設計に携わる。長女の出産を機に専業主婦となるが独学でホームページ制作を学び、2002年からインターネットを活用したビジネスを本格的に始める。月収100万円稼ぐ主婦アフィリエイターとして、またネット活用で起業した主婦として雑誌、書籍、新聞などに取り上げられ、「ワールドビジネスサテライト」(テレビ東京)などに出演。

2008年より、起業したい主婦のITスキル向上を目的に、ネット集客について学ぶ「彩塾」を主宰。現在、主婦を中心に約500名の塾生を指導している。

「主婦でもインターネットを活用することで、好きなことで起業できる」という信念のもと、ビジネスで自己実現を目指す女性に、インターネットを使って好きな分野で起業し、集客するためのノウハウを伝えている。

女性の起業やネット活用をテーマにした講演活動も展開。「女性の能力を最大限に活かせる社会作り」に尽力している。

著書には『普通の主婦がネットで4900万円稼ぐ方法』(フォレスト出版)がある。

女性のためのネットスキルアップ塾「彩塾」
http://www.saijuku.net/info/
山口朋子公式サイト　http://yamaguchi-tomoko.com/
ブログ「主婦の起業は『かたつむり』で！」　http://ameblo.jp/up-links/
株式会社アップリンクス　http://up-links.jp/
Facebook　https://facebook.com/momo.uplinks

# 主婦《しゅふ》が1日《にち》30分《ぷん》で月《つき》10万円《まんえん》をGetする方法《ほうほう》
## ——かんたん　たのしく　つづけられ　むりなく　リスクなし

二〇一四年一〇月一四日　第一刷発行

著者　山口朋子《やまぐちともこ》

発行者　古屋信吾
発行所　株式会社さくら舎　http://www.sakurasha.com
東京都千代田区富士見一-二-一一　〒一〇二-〇〇七一
電話　営業　〇三-五二一一-六五三三　FAX　〇三-五二一一-六四八一
編集　〇三-五二一一-六四八〇　振替　〇〇一九〇-八-四〇二〇六〇

装丁　アルビレオ
本文組版　朝日メディアインターナショナル株式会社
印刷・製本　中央精版印刷株式会社



ISBN978-4-906732-89-0